شهادة العقيدة المسيحيّة

حسب الموثوقة التاريخيّة لمجمع 'وستمنستر' مع الموثوقة 'الصغرى'

عن طبعة 'فورترس'

ترجمة

القس الدكتور: بسام م. شديد

Children Of Abraham Edition

Fortress Book Service & Publishers
800-241-4016
www.tanglewoodpublishing.org
and www.fortressbookservice.com
fortressbk@aol.com

Grateful acknowledgment is made to:

The Dean and Chapter of Westminster for permission to
use a picture of the Jerusalem Chamber and quotations;
Crossway/Goodnews Publishers for quotations
from the English Standard Version of the Bible.

Arabic edition
ISBN-13: 978-0-9793718-2-0
ISBN-10: 0-9793718-2-1

Printed in the United States of America

Book design, layout, and production by Martha Nichols/aMuse Productions®

المحتويات

تمهيد

تمرّ الكنيسة اليوم على وجه العموم، في جو يغمره الفتور - بل النشوز من دراسة اللاهوت ومعرفة تعاليم الكتاب المقدّس. والسؤال المطروح: "لماذا دراسة هذه الوثيقة اللاهوتيّة الآن؟" ثمّة أسباب كثيرة، نكتفي بالتوقف عند سبعة منها:

١ - يحتوي الكتاب المقدّس على أسفار عديدة تؤلف مكتبة كبيرة من إعلانات الله للبشر وتاريخ الفداء الذي بدأ في سفر التكوين وانتهى في سفر الرؤيا. وضمن هذا المجلّد الثمين يعثر كل مؤمن على كنوز روحيّة وعمليّة وأسرار الهيّة لا يستطيع أي شخص أن يستحوذ كل ما تختزنه من تعاليم وبركات.

٢ - ألهم الروح القدس الرسل ببعض الحقائق اللاهوتية العميقة كما ورد في سفر رومية، وغلاطية والعبرانيين. وبذلك أظهر أهميّة وعمق فكر الله الأزلي والشمولي في معاملته مع البشر. حتى أن الرسول بولس المفكّر العظيم في صعيد الدين والقيم والفكر يقول بتواضع: "يا لعمق غنى الله وحكمته وعلمه، ما أبعد أحكامه عن الفحص وطرقه عن الاستقصاء" (رومية ١١: ٣٣).

٣ - يعلّم كتاب الله أنه يجب على كل مؤمن أن ينتقل من مرحلة الطفولة الروحية إلى النمو في معرفة الإنجيل والأمور الروحيّة وحقائقها. تقول كلمة الله: "كي لا نكون في ما بعد أطفالاً مضطربين ومحمولين بكل ريح تعليم ... لأن كل من يتناول اللبن هو عديم الخبرة ... وأمّا الطعام القوي فللبالغين الذين بسبب التمرّن قد صارت لهم الحواس مدرّبة على التمييز بين الخير والشر" (أفسس ٤: ١٤؛ عبرانيين ٥: ١٣- ١٤).

٤ - يركّز الكتاب المقدّس على موهبة التعلّم والتعليم. فواحدة من مواهب الروح القدس هي موهبة التعليم (رومية ١٢: ٧؛ ١ كورنثوس ٢: ٢٨). فموهبة التعليم تفرض التدريب والتفحّص في كلمة الله والقدرة على نقلها إلى الآخرين لبناء النفوس وترسيخ الإيمان.

٥ - يشدّد الكتاب المقدّس على ضرورة الاجتهاد في دراسة الكلمة، فيقول: "اجتهد أن تقيم نفسك لله مزكىّ عاملاً لا يخزى مفصلاً كلمة الحق بالاستقامة" (٢ تيموثاوس ٢: ١٥). فبنيان الإيمان 'المزكّى' على ثوابت العقيدة الكتابيّة ومعرفة الدين معرفة

حقيقيّة ، يحول من الوقوع في متاهات غير نابعة عن التعاليم الأصليّة لهذه العقيدة، وتجنب الخلخلة اللاهوتيّة. فعدم الإقرار بالإجتهاد في المعرفة العميقة "لكلمة الحق" قد يؤدي الى مضاعفات مأساويّة كظهور بدع كثيرة مرتكزة على تزييف الحقيقة.

٦- الدراسة المنهجيّة لتعاليم الكتاب المقدّس اللاهوتية هي ضرورة تاريخية تميّزت بها الكنيسة على مر العصور ، وحفظت بذلك على فرادات وأساسيّات الكتاب المقدس وحصّنت الكنيسة من التعاليم الخاطئة. ومثالاً على ذلك، "قانون الإيمان الرسولي" الذي كان وما يزال يشكّل القاعدة الأساسية لعقيدة الإيمان المسيحي الراسخة على كلمة الله. وقد صار الرجوع إلى هذا "القانون" وتداوله اليوم ضرورة حتميّة في الوقت الذي كثرت فيه أصوات المشككين وازدادت البدع والهرطقات.

٧- يجب الإشارة أنه بالرغم أن تعاليم الكتاب المقدّس هي راسخة وأزلية ولا تتغيّر ، إلا أن مفاهيم البشر والحضارات والتقاليد تشهد تغييراً سريعاً. ولذلك فإنه من الأهمية العظمى أن ننقل ثوابت الكتاب المقدّس بأمانة وبأسلوب مفهوم ودون المهاودة بالأساسيات إلى أجيال اليوم التي تمرّ ببوتقة هذه التغييرات السريعة.

ففي هذا الإطار، وخصوصاً بعد التداعيات الدينيّة والحياتيّة التي تمرّ فيها الكنيسة اليوم ومن خلال تجربتها الواقعة، وانطلاقاً من رغبتنا للرجوع إلى تعاليم الكتاب المقدّس التي تشير إلى عديد من المواضيع اللاهوتية والعمليّة ، فقد رأينا أن ترجمة هذه الوثيقة إلى اللغة العربيّة ، قد تساهم في إرساء المفاهيم الكتابيّة وتحوّل دون المساس بها. وإن كنا نعلم بأن هذه الوثيقة هي اجتهادات بشريّة ، إلاّ أنها مرتكزة بكل تفاصيلها على تعاليم الكتاب المقدس كما توضّح الشواهد المدرّجة على كل صفحة منها.

يسرّ ادارة 'أبناء ابراهيم' أن تضع هذه الوثيقة التاريخيّة بين أيدي قرّاء العربيّة. ونطمح أن تكون هذه الترجمة مصدرا غنيّاً ومرجعا لفهم وتطبيق التعاليم الأساسية لكلمة الله وعامل مساعد في حياة التلمذة ومعرفة قوانين الإيمان والدفاع عن الحق.

ولا يفوتني هنا أن أقدّم جزيل شكري للأستاذ جوزيف عبدو الذي قدّم بمشورته خلال الترجمة الدقيقة لهذه الموثوقة التاريخيّة. وأشكر أيضا زوجتي العزيزة ، نورما شديد للجهد الكبير المبذول في نسخ المخطوطة ومراجعتها على جهاز 'الكمبيوتر'.

جاكسون - مسيسبي ٢٠٠٨

المترجم

لمحة تاريخيّة لمجمع 'وستمنستر'

في الثالث عشر من أيار ١٦٤٣، طلب مجلس النوّاب البريطاني من رجال الكنيسة وضع نموذجاً موحّداً لتنظيم أمور الكنيسة في بريطانيا في مجال العبادة، والإدارة، واللاهوت. وفي اليوم الأوّل من شهر تموز إنعقد الإجتماع الأوّل بحضور جميع أعضاء البرلمان. إفتتح الجلسة القس 'وليم تووس' بإلقاء وعظة مرتكزة على إنجيل يوحنّا ١٤: ١٨ بعنوان: "لا أترككم يتامى. إني آتي إليكم."

تكوّن مجلس 'وستمنستر' من ١٥١ عضواً، ثلاثون إختارهم البرلمان ليمثلوا مختلف طبقات الشعب وينتمون كأعضاء في الكنائس المحليّة، ويتمتعون بالفضيلة ومشهود لهم بحياة التقوى والضلوع في أمور الدين. اما باقي الممثلين فكانوا من رجال الدين المشهود لهم بالإيمان ومخافة الله والحكمة ويتمتعون بأهلية عالية في اللاهوت. واحدة من الصفات المميزة لكل الأعضاء أنهم كانوا يؤمنون بأحكام وسلطة الله وسيادته الأزلية وبمقاصده الحكيمة ومشيئته المقدّسة والتي لا تتبدل أو تتغيّر.

إنعقدت الإجتماعات في صالة 'القدس' في مبنى 'وستمنستر'. وقبل بدء النقاش في أي موضوع يبدأ الحاضرون في مطلع كل أسبوع بتلاوة 'العهد' الذي وقعه كل الأفراد، وبه نذروا أنفسهم بالتعهّد بالإلتزام الكلي بكلمة الله وسلطتها بما يتعلّق بكل أمور اللاهوت والأمور الكنسيّة.

المدخل الغربي للكاتدرائيّة الشهيرة 'وستمنستر' في مدينة لندن حيث انعقد فيها المجمع عام ١٦٤٣

9

عكس مجمع 'وستمنستر' فكر العمل الإصلاحي ، مستنداً على شهادات الإيمان التي إعتمدتها الكنيسة على مر العصور. فجائت الوثائق الصادرة عنه غنيّة جداً بفكر الكتاب المقدس وشمولية تعاليمه ودقة أحكامه .

بعد عمل دؤوب دام أكثر من ثلاث سنوات قدّم مجلس وستمنستر في عام ١٦٤٦ الوثيقة لمجلس النوّاب بقصد الموافقة عليها. وبعد أن أضيف على الشواهد الأصلية ١٥٠٠ شاهداً جديدا من كلمة الله تمّ إصدار الوثيقة بفصلين. يشمل الفصل الأول معالجة شاملة تتعلّق بمواضيع لاهوتية وكنسيّة مختلفة. والفصل الثاني شمل على وثيقة مصغّرة مختصرة ومبسّطة لتساعد على التعليم والإرشاد لكلمة الله .

صارت هذه الوثيقة بركة للملايين من الصغار والكبار في كل الأصقاع والبلدان ، وتبنّاه عدد من الطوائف المسيحية ، كقاعدة عمليّة ولاهوتيّة في الحياة الإيمانية والكنسيّة. ترجمت هذه الوثيقة إلى لغّات عديدة وبعد إنتظار طويل ، يسرّنا جداً أن نضعها بين أيدي القارئ العربي. وللرب كل المجد.

الفصل الأوّل
بما يتعلّق بالكتاب المقدّس

١ - مع أن روعة الطبيعة وأعمال الخلق والعناية الإلهية تعلّمنا عن صلاح الله وحكمته وقدرته فتجعل الإنسان بلا عذر [١] إلاّ أنها غير كافية لتعطينا المعرفة الكاملة للّه ولمشيئته التي هي ضرورية للخلاص. [٢] ولهذا فقد سرّ الله بأن يعلن إرادته لكنيسته في أزمنة متعاقبة وبطرق مختلفة ؛ [٣] مع ذلك ، ولأجل صون الحقيقة وانتشارها ، ولدعم عمل الكنيسة وتشجيعها ضد فساد الجسد ومكايد إبليس والعالم ، [٤] فقد أودع الله إرادته هذه في سجل مكتوب: جاعلاً الكتاب المقدس في غاية الضرورة ؛ [٥] وتلك الطرق السابقة لإعلان الله إرادته للبشر قد توقفت [٦] -بعد التسجيل الكامل لكلمته المقدسة.

٢ - تحت عنوان: 'الكتاب المقدس' أو 'كلمة الله المكتوبة' التي تحوي كل أسفار 'العهد القديم' و 'العهد الجديد' كل هذه الاسفار موحى بها من الله وهي قانون للإيمان والحياة[٧] . ومجمل الأسفار هي:

العهد القديم

التكوين	الملوك الاول	الجامعة	عوبديا
الخروج	الملوك الثاني	نشيد الانشاد	يونان
اللاويين	أخبار الايام الأول	أشعياء	ميخا
العدد	أخبار الايام الثاني	أرمياء	ناحوم
التثنية	عزرا	مراثي أرميا	حبقوق
يشوع	نحميا	حزقيال	صفنيا
القضاة	أستير	دانيال	حجي
راعوث	أيوب	هوشع	زكريا
صموئيل الأول	المزامير	يوئيل	ملاخي
صموئيل الثاني	الأمثال	عاموس	

(١) رومية ١: ١٩-٢٠ ؛ ١: ٣٢ ؛ ٢: ١ ؛ ٢: ١٤-١٥ ؛ مزمور ١٩: ١-٣
(٢) ١ كورنثوس ١: ٢١ ؛ ٢: ١٣-١٤
(٣) عبرانيين ١: ١
(٤) أمثال ٢٢: ١٩-٢١'، إشعياء ٨: ١٩ - ٢٠، متى ٤: ٤ ، ٧ ، ١٠ ، لوقا ١: ٣- ٤، رومية ١٥: ٤
(٥) ٢ تيموثاوس ٣: ١٥ ؛ ٢ بطرس ١: ١٩
(٦) عبرانيين ١: ١-٢
(٧) لوقا ١٦: ٢٩ ، ٣١ ؛ ٢ تيموثاوس ٣: ١٦ ؛ افسس ٢: ٢٠ ؛ رؤيا ٢٢: ١٨-١٩

العهد الجديد

إنجيل متى	الرسالة الأولى إلى تيموثاوس
إنجيل مرقس	الرسالة الثانية إلى تيموثاوس
إنجيل لوقا	الرسالة إلى تيطس
إنجيل يوحنا	الرسالة إلى فليمون
أعمال الرسل	الرسالة إلى العبرانيين
الرسالة إلى أهل رومية	رسالة يعقوب
الرسالة الأولى إلى أهل كورنثوس	رسالة بطرس الأولى
الرسالة الثانية إلى أهل كورنثوس	رسالة بطرس الثانية
الرسالة إلى أهل غلاطية	رسالة يوحنا الأولى
الرسالة إلى أهل أفسس	رسالة يوحنا الثانية
الرسالة إلى أهل فيلبي	رسالة يوحنا الثالثة
الرسالة إلى أهل كولوسي	رسالة يهوذا
الرسالة الأولى إلى أهل تسالونيكي	رؤيا يوحنا اللاهوتي
الرسالة الثانية إلى أهل تسالونيكي	

٣- كل الأسفار المشكوك في صحّتها - والتي أطلق عليها اسم " أبوكريفا " ليس موحى بها من الله ، وليست جزءاً من الأسفار المقدسة (المدرجة أعلاه) ، وبالتالي فليست لها سلطة في كنيسة الله ، ولا يحق التصديق عليها أو استعمالها كونها كتابات بشريّة.[٨]

٤- إن سلطان الكتاب المقدّس يوجب علينا الإيمان به والطاعة له لأنه لا يعتمد على شهادة الناس ولا الكنيسة بل الله الذي هو الحق المطلق هو نفسه مؤلّف هذا الكتاب ولذا فيجب قبوله على أنه كلام الله.[٩]

٥- من الممكن أن تحرّك شهادة الكنيسة شعورنا وتبجيلنا لكلمة الله المقدسّة.[١٠] ومادتها السماويّة ، وفعالية لاهوتها ، وعظمة أسلوبها ، ووحدة كل أجزاءها ، وهدفها الشامل (وهو إعطاء كل المجد لله)، وإعلانها الكامل والوحيد لخلاص الانسان ، وغير ذلك من فرادتها المميّزة، وشمولة كمالاتها الوفيرة التي تشير بأن الكتاب المقدس هو كلمة الله: وعلاوة على ذلك (فكلمة الله) توّفر الإقناع الكامل والتأكيد على حقيقة عصمتها وسلطتها الإلهية الكامنة فيها بواسطة الروح القدس الذي يشهد بواسطة الكلمة ومعها في قلوبنا.[١١]

[٨] لوقا ٢٢: ٢٧،٤٤ ؛ رومية ٣: ٢ ؛ ٢ بطرس ١: ٢١

[٩] ١ تسالونيكي ٢: ١٣؛ ٢ تيموثاوس ٣: ١٦؛ ٢ بطرس ١: ١٩،٢١؛ ١ يوحنا ٥: ٩

[١٠] ١تيموثاوس ٣: ١٥

[١١] اشعياء ٥٤: ٢١؛ يوحنا ١٦: ١٣-١٤؛ ١ كورنثوس ٢: ١٠-١٢؛ ١ يوحنا ٢: ٢٠

٦- إن مجمل مشورة الله (كلمته المقدسة) وعلاقتها بكل الأمور هي ضرورة لمجد الله الشخصي، لخلاص البشر ، للإيمان والحياة. وكلّها دونت بجلاء في الكلمة بحيث أن منطقها البارع والضروري لا يترك مجالاً لإضافة اي شيء آخر عليها في أي زمان، سواء بوحي (جديد) من الروح القدس أو التقاليد البشريّة.[١٢] ومع ذلك، فإننا نعترف بأن إنارة الروح القدس ضرورية للإدراك الخلاصي لهذه الأمور كما هي معلنة في الكلمة ؛[١٣] بعض الظروف المتعلقة بعبادة الله ، والأحكام الكنسيّة التي تنشأ من وقت لآخر قد تتوقف على أحكام متعلقة بمبادئ طبيعيّة صادرة من القلب المسيحي (المؤمن) ، وبحسب القوانين العامة المعلنة في كلمة الله، والتي يجب دائماً التقيّد بها.[١٤]

٧- ليست كل أجزاء الكتاب المقدّس متساوية بوضوحها، وقد يختلف إدراكها من شخص إلى آخر ؛[١٥] ومع ذلك فكل الأمور التي يجب معرفتها والإيمان بها هي واضحة من أجل الخلاص ومفسّرة بوضوح في الكتاب المقدس، بحيث يستطيع المتعلّم وغير المتعلم - عندما يعطيها العناية الكافية ، أن يفهمها بكفاءة[١٦].

٨- إن لغة العهد القديم المدوّنة بالعبريّة (اللغة الأصلية لشعب الله القديم) ، واللغة اليونانية (اللغة المتداولة بين الأمم في وقت تدوين الوحي) ، قد أوحي بواسطتها مباشرة من الله ، وتحت رعايته وعنايته حفظها الله منزّهة ومعصومة عن أي شائبة خلال الأجيال، ولهذا فهي أصلية موثوق بها[١٧]؛ وبناء على ذلك ففي حال وقوع أي خلاف ديني ، يجب على الكنيسة أن تلجأ إليها في كل الأحكام[١٨]. ولكن كون هذه اللغات الأصلية غير معروفة لكل شعوب الله ، الذين يملكون الحق في قراءتها والرغبة في معرفتها ، وفي الوقت الذي يأمرهم الله أن يقرأوا كلمته بمخافة الله وأن يتفحصوا محتوياتها ،[١٩] فبناءً على ذلك يجب ترجمتها للغات المتداولة لكل الشعوب ،[٢٠] وبذلك تسكن كلمة الله بين الجميع بغنى فيتمكنون من العبادة بسلوك حسن ومقبول من الله،[٢١]

(١٢) غلاطية ١: ٨-٩ ؛ ٢ تسالونيكي ٢: ٢ ؛ ٢ تيموثاوس ٣: ١٥ - ١٧
(١٣) يوحنا ٦: ٤٥ ؛ ١ كورنثوس ٢: ٩- ١٢
(١٤) ١ كورنثوس ١١: ١٣-١٤ ؛ ١٤: ٢٦ ، ٤٠
(١٥) ٢ بطرس ٣: ١٦
(١٦) مزمور ١١٩: ١٠٥ ، ١٣٠
(١٧) متى ٥: ١٨
(١٨) إشعياء ٨: ٢٠؛ يوحنا ٥: ٣٩ ، ٤٦ ؛ أعمال الرسل ٢٥: ١٥
(١٩) يوحنا ٥: ٣٩
(٢٠) ١ كورنثوس ١٤: ٦ ، ٩ ، ١١-١٢ ، ٢٤ ، ٢٧-٢٨
(٢١) كولوسي ٣: ١٦

وبالصبر والتعزية بما في الكتب يكون لهم رجاء.[٢٢]

٩- الأسلوب التفسيري المعصوم عن الخطأ للكتاب المقدس هو الكتاب المقدّس نفسه؛ ولذلك، عندما يبرز سؤال حول المعنى الصحيح والكامل لأي جزء من الكتاب، فيجب أن يفحص ويعرف معناه من خلال فقرات أخرى تتكلم بوضوح أكثر.[٢٣]

١٠- الحاكم الأعلى الذي بواسطته تُفصل كل الخلافات الدينية، وكل قرارات المجامع الكنسيّة، وآراء الكتّاب في الأزمنة الغابرة (في تاريخ الكنيسة)، وقضايا اللاهوت البشري، والاستنارات الشخصية يجب أن تفحص وتعتمد القرارات ليس على شيء آخر سوى الروح القدس الذي تكلّم من خلال الكتاب المقدس.[٢٤]

[٢٢] رومية ١٥: ٤

[٢٣] أعمال الرسل ١٥: ١٥-١٦؛ ٢ بطرس ١: ٢٠-٢١

[٢٤] متى ٢٢: ٢٩، ٣١؛ أعمال الرسل ٢٨: ٢٥؛ أفسس ٢: ٢٠

الفصل الثاني
بما يتعلّق بطبيعة الله والثالوث المقدّس

١ - يوجد إله واحد،[١] حيّ، حقيقي،[٢] أبدي في كينونته وكماله،[٣] روح طاهر،[٤] غير مرئي،[٥] ليس له جسد أو أعضاء،[٦] ولا زلات البشر؛[٧] لا يتغير،[٨] غير محدود،[٩] أبدي،[١٠] ليس له استقصاء،[١١] كليّ القدرة،[١٢] كلي الحكمة،[١٣] كليّ القداسة،[١٤] كلي المشيئة،[١٥] كلي السلطة؛[١٦] يجري كل الأمور بحسب إرادته الصالحة وغير القابلة للتغيير،[١٧] من أجل مجده الشخصي؛[١٨] كليّ المحبة،[١٩] كلي الرأفة، كليّ الرحمة، كليّ الصبر، وافر الجودة والحق، غافر الذنوب، الإثم، والخطيّة؛[٢٠] يجازي كل الذين ينشدونه؛[٢١] وهو أيضاً كليّ العدالة، مهوب في أحكامه،[٢٢] يبغض كل الآثام،[٢٣] ولا يعفو عن خطيئة المذنب.[٢٤]

٢ - يملك الله في ذاته كل الحياة،[٢٥] كل المجد،[٢٦] كل الصلاح،[٢٧] كل الإحسان،[٢٨] وكل الكفاية بنفسه وذاته الواحدة، لا يحتاج لأيٍ من خلائقه التي صنع،[٢٩] ولا يستمد منهم أي مجد،[٣٠] لكنه يظهر مجده في خلائقه بواسطتهم ولأجلهم وفيهم وهو المصدر الوحيد للوجود الذي منه وبه وله كل الأشياء،[٣١] وله السلطة والسيادة على مخلوقاته ليعمل بواسطتهم ولأجلهم وفيهم كل مسرّته.[٣٢]

(١) تثنية ٦ : ٤ ؛ ١ كورنثوس ٨ : ٤-٦
(٢) إرمياء ١٠ : ١٠ ؛ ١ تسالونيكي ١ : ٩
(٣) أيوب ١١ : ٧-٩ ؛ ٢٦ : ١٤
(٤) يوحنا ٤ : ٢٤
(٥) ١ تيموثاوس ١ : ١٧
(٦) تثنية ٤ : ١٥-١٦ ؛ لوقا ٢٤ : ٣٩ ؛ يوحنا ٤ : ٢٤
(٧) أعمال ١٤ : ١١، ١٥
(٨) ملاخي ٣ : ٦ ؛ يعقوب ١ : ١٧
(٩) الملوك الأول ٨ : ٢٧ ؛ إرمياء ٢٣ : ٢٣-٢٤
(١٠) مزمور ٩٠ : ٢ ؛ ١ تيموثاوس ١ : ١٧
(١١) مزمور ١٤٥ : ٣
(١٢) تكوين ١٧ : ١ ؛ رؤيا ٤ : ٨
(١٣) رومية ١٦ : ٢٧
(١٤) إشعياء ٦ : ٣ ؛ رؤيا ٤ : ٨
(١٥) مزمور ١١٥ : ٣
(١٦) خروج ٣ : ١٤
(١٧) أفسس ١ : ١١
(١٨) أمثال ١٦ : ٤ ؛ رومية ١١ : ٣٦
(١٩) ١ يوحنا ٤ : ٨-١٦
(٢٠) خروج ٣٤ : ٦-٧
(٢١) عبرانيين ١١ : ٦
(٢٢) ناحوم ٩ : ٣٢-٣٣
(٢٣) مزمور ٥ : ٥-٦
(٢٤) خروج ٣٤ : ٧ ؛ ناحوم ١ : ٢-٣
(٢٥) يوحنا ٥ : ٢٦
(٢٦) أعمال ٧ : ٢
(٢٧) مزمور ١١٩ : ٦٨
(٢٨) رومية ٩ : ٥ ؛ ١ تيموثاوس ٦ : ١٥
(٢٩) أعمال ١٧ : ٢٤-٢٥
(٣٠) أيوب ٢٢ : ٢-٣
(٣١) رومية ١١ : ٣٦
(٣٢) دانيال ٤ : ٢٥ ، ٣٥ ؛ ١ تيموثاوس ٦ : ١٥ ؛ رؤيا ٤ : ١١

كل الأمور مكشوفة لناظريه ولا يخفى عليه شيء ،[٣٣] معرفته أبدية ، معصومة عن الخطأ ، ومستقلّة عن المخلوق ،[٣٤] بحيث لا يوجد لديه أي شيء مشروط أو غير أكيد .[٣٥] هو كلي القداسة في كل شرائعه ، في كل أعماله ، في كل أحكامه ،[٣٦] لأجله يتوجّب على الملائكة والبشر ، وكل الخلائق عبادته ، خدمته ، وإطاعته . فهو يسّر بأن يطلب ذلك منهم .[٣٧]

٣ - في وحدانية اللاهوت توجد ثلاثة أقانيم ، يتمتع كل منها بنفس الجوهر ، القدرة ، والأبدية : الله الآب ، الله الإبن ، الله الروح القدس ؛[٣٨] الله غير مخلوق وليس منبثق ؛ الابن مولود أبدي من الآب ؛[٣٩] الروح القدس ينبثق من الآب والإبن .[٤٠]

[٣٣] عبرانيين ٤:١٣

[٣٤] مزمور ١٤٧ : ٥ ؛ رومية ١١ :٣٣-٣٤

[٣٥] حزقيال ١١ : ٥ ؛ أعمال ١٥ : ١٨

[٣٦] مزمور ١٤٥ : ١٧ ؛ رومية ٧ : ١٢

[٣٧] رؤية ٥ : ١٢ - ١٤

[٣٨] متى ٣ :١٦ -١٧ ؛ ٢٨ :١٩ ؛ ٢ كورنثوس ١٣ : ١٤ ؛ ١ يوحنا ٥ : ٧

[٣٩] يوحنا ١ : ١٤ ، ١٨

[٤٠] يوحنا ١٥ : ٢٦ ؛ غلاطية ٤ : ٦

الفصل الثالث
بما يتعلق بأحكام الله الأزلية

١ - منذ الأزل ، وبمقاصده كليّة الحكمة ومشيئته المقدسة، واختيار غير مقيّد وغير متغيّر ، رتب الله كل الأمور التي تحصل.[١] بحيث أن الله ليس بصانع للشر ؛[٢] ولا يفرض على خلائقه شيئاً معاكساً لإرادتهم ؛ فهو لا يناقض حريّتهم أو ينزع منهم امكانيات أخرى ، بل بالأحرى يوّطدها.[٣]

٢ - مع أن الله سابق العلم بكل الأمور التي تحصل وتحت كل الظروف المفترضة،[٤] الاّ أنه لا يقرّر أي أمر بعلّة أنه يحصل سواء في الماضي أو المستقبل.[٥]

٣ - بقضاء الله ولإعلان مجده ، قدّر لبعض من البشر والملائكة [٦] بالحياة الأبدية ؛ ولآخرين بالموت الأبدي.[٧] ***(يجب قراءة هذه الفقرة بربطها بالفقرة رقم ١ أعلاه، فكون الله عادل من جهة فقد أظهر عدله للبعض ونعمته للبعض الآخر . وهذا حقه المطلق الذي لا يستطيع أحد أن يعترض عليه -راجع رسالة رومية ٩: ١٥ - ٢٩).***

٤ - هؤلاء الملائكة والبشر المقضي ومقدّر لهم بالتخصيص وعدم التغيير. فعددهم أكيد ونهائي لا يمكن زيادته أو نقصانه.[٨]

٥ - أولئك الذين إختارهم الله للحياة من الجنس البشري ، تمّ إختيارهم من قبل تأسيس العالم بموجب مقاصد الله الأزلية الثابتة وحسب سرّ مشورته ولمسرّة مشيئته ، إختارهم في المسيح للمجد العتيد،[٩] بمجرد نعمته الخالصة ومحبته بدون توقعه لأي إيمان أو أعمال صالحة منهم أو مثابرة على الإيمان والأعمال أو أية مزيّة بشريّة أخرى كشروط أو أسباب تفرض على الله أن يفعل هكذا [١٠] لكن الكل لحمد نعمته المجيدة.[١١]

---

[١] رومية ٩: ١٥ ، ١٨ ؛ ١١:٣٣ ؛ أفسس ١ : ١١ ؛ عبرانيين ٦: ١٧

[٢] يعقوب ١:١٣،١٧ ؛ ١يوحنا ١ : ٥

[٣] أمثال ١٦:٣٣ ؛ متى ١٧:١٢ ؛ يوحنا ١٩ : ١١ ؛ أعمال ٢ : ٢٣ ؛ ٤ : ٢٧-٢٨

[٤] ١صموئيل ٢٣: ١١ - ١٢ ؛ متى ١١ : ٢١ ، ٢٣ ؛ أعمال ١٥ : ١٨

[٥] رومية ٩: ١١ ، ١٣ ، ١٦ ، ١٨

[٦] متى ٢٥ : ٤١ ؛ ١ تيموثاوس ٥: ٢١

[٧] أمثال ١٦ : ٤ ؛ رومية ٩: ٢٢-٢٣ ، أفسس ١ : ٥-٦

[٨] يوحنا ١٣ : ١٨ ؛ ٢ تيموثاوس ٢ : ١٩

[٩] رومية ٨: ٣٠ ؛ أفسس ١ : ٤ ، ٩ ، ١١ ؛ ١ تسالونيكي ٥ : ٩ ؛ ٢ تيموثاوس ١ : ٩

[١٠] رومية ٩: ١١ ، ١٣ ، ١٦ ؛ أفسس ١ : ٤ ، ٩

[١١] أفسس ١ : ٦ ، ١٢

17

٦- وكما عيّن الله المختارين للمجد، فهو أيضاً ، وبمحض القصد الأبدي لمشيئته الحرّة ، فقد عيّن كل الوسائل لإنجاز ذلك.[١٢] أولئك المختارين ، وكونهم يشاركون آدم في السقوط ، فهم مفديين بواسطة المسيح ؛ [١٣] ومدعويين بفاعلية للإيمان بالمسيح بواسطة روحه (روحه القدوس) الذي يعمل في وقته ؛ فهم مبررون ، مثبّتون ، مقدسون ، [١٤] محفوظون بقوته بواسطة الإيمان للخلاص.[١٥] فأولئك الذين فداهم المسيح بفاعليّة دعوته ، وبررهم وحصلوا على التبني ، فتقدسوا ، وتم خلاصهم هم وحدهم المختارون. [١٦]

٧- أما بقيّة الجنس البشري فحسب رحمته وأحكامه البعيدة عن الفحص وطرقه عن الاستقصاء ، فهو الوحيد الذي يمد لهم يد الرحمة أو ينزعها حسب مسرته ، وطبقاً لمجد سلطة قوّته فوق خلائقه ، فهو يملك حريّة العبور عن معاقبة خطاياهم لإعلاء عدله العظيم. [١٧]

٨- يجب معالجة لاهوت سر الاختيار بمنتهى الحكمة والعناية ،[١٨] وبذلك فعلى كل شخص يسعى لمعرفة إرادة الرب المعلنة في كلمته، أن يخضع لطاعتها فيتأكد من دعوته الأبدية.[١٩] وبذلك يجلب هذا التعليم اللاهوتي الثناء والتبجيل والتعظيم لله ؛[٢٠] والتواضع، والاجتهاد والعزاء الوفير لكل شخص يسعى بإخلاص إلى إطاعة الانجيل.[٢١]

[١٢] أفسس ١ : ٤-٥؛ ٢ : ١٠؛ ٢ تسالونيكي ٢ : ١٣؛ ١ بطرس ١ : ٢

[١٣] ١ تسالونيكي ٥ : ٩-١٠ ؛ تيطس ٢ : ١٤

[١٤] رومية ٨ : ٣٠ ؛ أفسس ١ : ٥؛ ٢ تسالونيكي ١٣:٢

[١٥] ١ بطرس ١ : ٥

[١٦] يوحنا ٦ : ٦٤-٦٥ ؛ ٨ : ٤٧ ؛ ١٠ : ٢٦؛ ١٧ : ٩ ؛ رومية ٨ : ٢٨؛ ١ يوحنا ٢ : ٩

[١٧] متى ١١ : ٢٥-٢٦ ؛ رومية ٩ : ١٧-١٨ ، ٢١-٢٢؛ ٢ تيموثاوس ٢ : ١٩ - ٢٠ ؛ ١ بطرس ٢ :٨ ؛ يهوذا ٤

[١٨] تثنية ٢٩ : ٢٩ ؛ رومية ٩ : ٢٠ ؛ ١١ : ٣٣

[١٩] ٢ بطرس ١ : ١٠

[٢٠] رومية ١١ : ٣٣ ؛ أفسس ١ : ٦

[٢١] لوقا ١٠ : ٢٠ ؛ رومية ٨ : ٣٣ ؛ ١١ : ٥، ٦، ٢٠ ؛ ٢ بطرس ١ : ١٠

الفصل الرابع
بما يتعلّق بالخلق

١ - لقد سرّ الآب والابن ، والروح القدس ، [١] أن يبدي للعيان مجد قدرته الأبدية ، وحكمته ، وصلاحه ، [٢] في البدء حيث خلق من العدم ، العالم وكل ما فيه من الاشياء المنظورة وغير المنظورة ، في فترة ستة أيام ؛ وكان كل شيء حسناً جداً . [٣]

٢ - خلق الله الانسان بعد أن أبدع كل الخلائق ، رجلاً وأنثى خلقهم ، [٤] بفكر عاقل وروح أبدي ، [٥] وهم يملكون معرفةً ، وصلاحاً وقداسةً حقيقية . على صورته خلقهم ، [٦] وعندهم ناموس الله المكتوب في قلوبهم ، [٧] والامكانية لإنجاز مطاليبه ؛ [٨] ومع ذلك فهم يملكون أيضاً القدرة على العصيان لو تركوا إلى حريّة إرادتهم القابلة للتغيير . [٩] وإلى جانب ذلك الناموس المكتوب في قلوبهم ، فقد تسلّموا الوصيّة بعدم الأكل من شجرة معرفة الخير والشر ، [١٠] ففي الفترة التي أطاعوا بها وصيّة الله ، تمتعوا بالسعادة والشركة مع الله وكانت لهم سلطة فوق جميع الخلائق الأخرى . [١١]

[١] تكوين ١ : ٢ ؛ أيوب ٢٦ : ١٣ ؛ ٣٣ : ٤ ؛ يوحنا ١ : ٢-٣ ؛ عبرانيين ١ : ٢
[٢] مزمور ٣٣ : ٥-٦ ؛ ١٠٤ : ٢٤ ؛ أرميا ١٠ : ١٢ ؛ رومية ١ : ٢٠
[٣] تكوين ١ ؛ أعمال ١٧ : ٢٤ ؛ كولوسي ١ : ١٦ ؛ عبرانيين ١١ : ٣
[٤] تكوين ١ : ٢٧
[٥] تكوين ٢ : ٧ ؛ الجامعة ١٢ : ٧ ؛ متى ١٠ : ٢٨ ؛ لوقا ٢٣ : ٤٣
[٦] تكوين ١ : ٢٦ ؛ أفسس ٤ : ٢٤ ؛ كولوسي ٣ : ١٠
[٧] رومية ٢ : ١٤-١٥
[٨] الجامعة ٧ : ٢٩
[٩] تكوين ٣ : ٦ ؛ الجامعة ٧ : ٢٩
[١٠] تكوين ٢ : ١٧ ؛ ٣ : ٨-١١ ، ٢٣
[١١] تكوين ١ : ٢٦ ، ٢٨

الفصل الخامس
بما يتعلّق بالعناية الإلهية

١ - الله الخالق العظيم لكل الأشياء يثبّت،[١] يقود، يطوّع، ويحكم كل الخلائق، كل الأفعال، وكل الحوادث،[٢] من كبيرها إلى صغيرها،[٣] وفقاً لحكمته المطلقة وعنايته المقدّسة،[٤] حسب معرفته الكاشفة للمستقبل والمعصومة عن الخطأ،[٥] وبمشورة إرادته الحرّة غير القابلة للتغيير،[٦] وكلها لتسبيح مجد حكمته وقدرته وعدله وصلاحه ورحمته.[٧]

٢ - مع أن العلاقة بين معرفة الله السابقة وأحكامه الثابتة، والتي هي المسبب الأول لكل الأشياء التي تحدث حسب قصده، بدون أي تغيير فيها أو قصور؛[٨] فهو، بعنايته الإلهية نفسها، رتبّ كل ذلك ليتحقّق من خلال أسباب ثانوية سواء كانت ضرورية، أو إختيارية، أو مشروطة.[٩]

٣ - يستخدم الله وسائل مختلفة في عنايته العاديّة،[١٠] لكنه بنفس الوقت قد يشاء أن لا يتقيّد بتلك الوسائل،[١١] فيتجاوزها،[١٢] أو يعمل بخلافها،[١٣] بحسب مسرّته.

٤ - القدرة الكلّية، والحكمة البعيدة عن الاستقصاء، والصلاح غير محدود لله، كلها ظهرت في عنايته، حتىّ أنها تمتد إلى السقوط الأول للإنسان، وكل خطايا الملائكة والبشر،[١٤] وهذا ليس فقط بسماح (غامض) من الله،[١٥] لكن باطار مملوء بالحكمة والقدرة،[١٦] وهي تثبّت ترتيبه وأحكامه بطرق مختلفة حتى غاية أهدافه المقدّسة؛[١٧] ومع ذلك فإن الخطيّة تنبع فقط من الخليقة، وليس من الله، الذي هو وحده القدوس البار الذي لا يبدع الخطيّة ولا يصادق عليها.[١٨]

(١) عبرانيين ١ : ٣
(٢) أيوب ٣٨: ٣٩؛ ٤٠؛ ٤١؛ مزمور ١٣٥: ٦؛ دانيال ٤: ٣٤ - ٣٥؛ أعمال ١٧: ٢٥ - ٢٦، ٢٨
(٣) متى ١٠: ٢٩ - ٣١
(٤) مزمور ١٠٤: ٢٤؛ ١٤٥: ١٧؛ أمثال ١٥: ٣
(٥) مزمور ٩٤: ٨ - ١١؛ أعمال ١٥: ١٨
(٦) أفسس ١: ١١
(٧) تكوين ٤٥: ٧؛ مزمور ١٤٥: ٧؛ إشعياء ٦٣: ١٤؛ رومية ٩: ١٧؛ أفسس ٣: ١٠
(٨) أعمال ٢: ٢٣
(٩) تكوين ٨: ٢٢؛ خروج ٢١: ١٣؛ تثنية ١٩: ٥؛ ١ ملوك ٢٢: ٢٨، ٣٤؛ إشعياء ١٠: ٦-٧؛ أرمياء ٣١: ٣٥
(١٠) إشعياء ٥٥: ١٠-١١؛ أعمال ٢٧: ٣١، ٤٤
(١١) أيوب ٣٤: ١٠، هوشع ١: ٧؛ متى ٤: ٤
(١٢) رومية ٩: ١٩ - ٢١
(١٣) ٢ ملوك ٦: ٦؛ دانيال ٣: ٢٧
(١٤) ٢ صموئيل ١٦: ١٠؛ ٢٤: ١؛ ١ ملوك ٢٢: ٢٢ - ٢٣؛ ١ أخبار الأيام ١٠: ٤، ١٣ - ١٤؛ ٢١: ١؛ أعمال ٢: ٢٣؛ رومية ١١: ٣٢-٣٤
(١٥) أعمال ١٤: ١٦
(١٦) ٢ ملوك ١٩: ٢٨؛ مزمور ٧٦: ١٠
(١٧) تكوين ٥٠: ٢٠، إشعياء ١٠: ٦- ٧، ١٢
(١٨) مزمور ٥٠: ٢١؛ يعقوب ١: ١٣ - ١٤، ١٧؛ ١ يوحنا ٢: ١٦

٥- الله الكليّ الحكمة ، والبر ، والنعمة يترك أبناءه لوقت ما تحت وطأة التجارب ، وفساد قلوبهم ، لتأديبهم لخطاياهم السابقة ، أو لكي يكشف لهم قوّة الفساد الخادع المستوطن في قلوبهم ، كأداة تؤدي للتواضع،[١٩] وتجعلهم متكلين دوماً على الله، وتصيّرهم محترسين لكل خطايا الغد، ويقظين لكل غاية عادلة ومقدسة.[٢٠]

٦- وبما يتعلق بالخطاة الأثمة، فإن الله القاضي العادل بالحكم على الخطايا السالفة يقسيّ ويعمي قلوبهم ،[٢١] وليس يحجب نعمته فقط عنهم أولئك الذين كانوا قد أستنيروا ثم أجرموا في قلوبهم ؛[٢٢] ولكنه أحياناً يسترجع هباته منهم ،[٢٣] فيكشف الستار عن غاياتهم الفاسدة بالخطيّة ؛[٢٤] وبذلك يسلمهم لشهواتهم ، ولإغراءات العالم وقوة إبليس ،[٢٥] فيقسّون قلوبهم ، حتى في إطار الوسائل نفسها التي يستخدمها الله لتليّن قلوب الآخرين.[٢٦]

٧- وكما أن عناية الله تشمل كل الخلائق إجمالاً؛ لكنها بطريقة خاصة تعتني بكنيسته فقط فهو يدبّر كل الأمور لخيرها.[٢٧]

[١٩] ٢ صموئيل ٢٤ : ١ ؛ ٢ أخبار الأيام ٣٢ : ٢٥- ٢٦، ٣١

[٢٠] مزمور ٧٣ ؛ ٧٧: ١ ، ١٠ ، ١٢ ؛ مرقس ١٤ : ٦٦ - ٧٢ ؛ يوحنا ٢١ : ١٥ -١٧ ؛ ٢ كورنثوس ١٢: ٧- ٩

[٢١] رومية ١ : ٢٤ ، ٢٦ ، ٢٨ ؛ ١١: ٧ -٨

[٢٢] تثنية ٢٩ : ٤

[٢٣] متى ١٣ : ١٢؛ ٢٥: ٢٩

[٢٤] تثنية ٢ : ٣٠ ؛ ٢ ملوك ٨ : ١٢ - ١٣

[٢٥] مزمور ٨١: ١١ - ١٢؛ ٢تسالونيكي ٢: ١٠ -١٢

[٢٦] خروج ٧: ٣ ؛ ٨: ١٥ ، ٣١ ؛ إشعياء ٦: ٩ ١٠ ؛ ٨ : ١٤ ؛ أعمال ٢٨: ٢٦ - ٢٧ ؛ ٢ كورنثوس ٢: ١٥ - ١٦ ؛ ١ بطرس ٢ : ٧ -٨

[٢٧] إشعياء ٤٣: ٣ - ٥، ١٤ ؛ عاموس ٩ : ٨ - ٩ ؛ رومية ٨: ٢٨ ؛ ١ تيموثاوس ٤ : ١٠

الفصل السادس
بما يتعلق بسقوط البشر بالخطيّة وعقابها فيما بعد

١ - بما أن أبوينا الأولين (آدم وحواء) أغويا بمكر وتجربة إبليس فأخطأ بأكلهما من الثمرة المحرّمة.[١] فقد شاء الله بحسب حكمته ومشورته الصالحة أن يسمح بذلك قصداً لمجده.[٢]

٢ - وباقتراف هذه الخطية فقد سقطا من الصلاح الأصلي والشركة مع الله،[٣] وبذلك صارا ميتين بالخطيّة،[٤] و مدنسين بكليتهما بجسدهما ونفسيهما.[٥]

٣ - وكونهما (آدم وحواء) أصل كل البشر، فإن إثم خطيتهما أسند؛[٦] للبشر، ونفس الموت بالخطيّة، والطبيعة الفاسدة، إنتقل إلى كل ذريتهما.[٧]

٤ - ومن هذا الفساد الأصلي (الطبيعة الساقطة الموروثة) استحكم في البشر عدم الميل إلى الصلاح، والعجز عنه ومعاكسة كل خير،[٨] وانحدرا بالجنوح نحو الشر،[٩] والمضي في كل التعديات.[١٠]

٥ - يستمرّ هذا الفساد في الطبيعة، خلال هذه الحياة، في صميم المؤمن المتجدّد،[١١] وبالرغم من أنه بواسطة المسيح قد غفر اثمه وأخضعت طبيعته الفاسدة، إلا أن كل الشهوات التي تثور فيه، تعتبر خطيّة حقيقية.[١٢]

٦ - كل خطيّة، سواء كانت أصليّة (تثيرها الطبيعة الساقطة) أم فعلية، هي تعدٍّ ضد قانون الله البار، ومعاكس له،[١٣] فيجلب الإثم على الخاطئ،[١٤] الذي يتحتم عليه غضب الله،[١٥] ولعنة الناموس،[١٦] وبذلك فهو خاضع لقانون الموت،[١٧] بكل الشقاوات الروحية،[١٨] المؤقتة،[١٩] والأبدية.[٢٠]

[١] تكوين ٣:١٣ ؛ ٢ كورنثوس ١١ : ٣
[٢] رومية ١١ : ٣٢
[٣] تكوين ٣ : ٦-٨ ؛ الجامعة ٧ : ٢٩ ؛ رومية ٣ : ٢٣
[٤] تكوين ٢ : ١٧ ؛ أفسس ٢ : ١
[٥] تكوين ٦ : ٥ ؛ أرميا ١٧ : ٩ ؛ رومية ٣ : ١٠-١٨ ؛ تيطس ١ : ١٥
[٦] تكوين ١ : ٢٧-٢٨ ؛ ٢ : ١٦-١٧ ؛ أعمال ١٧ : ٢٦ ؛ رومية ٥ : ١٢، ١٥-١٩ ؛ ١ كورنثوس ١٥ : ٢١-٢٢، ٤٥، ٤٩
[٧] تكوين ٥ : ٣ ؛ أيوب ١٤ : ٤ ؛ ١٥ : ١٤ ؛ مزمور ٥١ : ٥
[٨] رومية ٥ : ٦ ؛ ٧ : ١٨ ؛ ٨ : ٧ ؛ كولوسي ١ : ٢١
[٩] تكوين ٦ : ٥ ؛ ٨ : ٢١ ؛ رومية ٣ : ١٠-١٢
[١٠] متى ١٥ : ١٩ ؛ أفسس ٢ : ٢-٣ ؛ يعقوب ١ : ١٤-١٥
[١١] أمثال ٢٠ : ٩ ؛ الجامعة ٧ : ٢٠ ؛ رومية ٧ : ١٤، ١٧-١٨، ٢٣ ؛ يعقوب ٣ : ٢ ؛ ١ يوحنا ١ : ٨، ١٠
[١٢] رومية ٧ : ٥-٨، ٢٥ ؛ غلاطية ٥ : ١٧
[١٣] ١ يوحنا ٣ : ٤
[١٤] رومية ٢ : ١٥ ؛ ٣ : ٩، ١٩
[١٥] أفسس ٢ : ٣
[١٦] غلاطية ٣ : ١٠
[١٧] رومية ٦ : ٢٣
[١٨] أفسس ٤ : ١٨
[١٩] مراثي أرميا ٣ : ٣٩ ؛ رومية ٨ : ٢٠
[٢٠] متى ٢٥ : ٤١ ؛ ٢ تسالونيكي ١ : ٩

الفصل السابع
بما يتعلّق بعهد الله مع الانسان

١ - رغم أن البعد بين الله وبين المخلوق سحيق جداً، ورغم أن المخلوقات العاقلة مدينة له بكل الطاعة كونه خالقها، فعلاوة على هذا لا يمكنها إدراك ثمار بركة الله وثوابه ، إلاّ بواسطة تنازل إختياري من قبل الله عبّر عنه بإبرام عهد مع الانسان.(١)

٢ - إن أول عهد أبرمه الله مع الانسان هو عهد الأعمال ،(٢) والذي وعد الله به آدم وسلالته ،(٣) وهو الحياة المشروطة بالطاعة الشخصيّة الكاملة .(٤)

٣ - وكنتيجة لسقوطه، فقد جعل الانسان نفسه عاجزاً عن بلوغ الحياة بهذا العهد ، فسّر الله أن يبرم عهداً ثانياً ،(٥) أطلق عليه بشكل عام عهد النعمة؛ والذي بواسطته قدّم للخطاة الحياة والخلاص بواسطة يسوع المسيح؛ مستلزماً منهم الإيمان به، للحصول على الخلاص،(٦) وواعداً كل الذين عيّنوا للحياة الأبديّة بالحصول على الروح القدس ، ليجعلهم مستعديّن وقادرين على الإيمان .(٧)

٤ - إن 'عهد النعمة' هذا والذي يوضّح عادة من الكتاب باسم 'الميثاق' إشارة لموت المسيح يسوع فإن الميراث الأبدي وكل ما يتعلّق به يتحقّق بواسطته.(٨)

٥ - لقد أخذ تدبير هذا العهد في عصر الناموس شكلاً مختلفاً عنه في عصر الأخبار السارّة ؛(٩) فكان التدبير تحت الناموس يشمل الوعود، النبوّات، الذبائح، الختان، خروف الفصح، وغير ذلك من الرموز والأنظمة التي أعطيت لليهود آنذاك بشكل كافٍ وفعّال

(١) ١ صموئيل ٢ : ٢٥ ؛ أيوب ٩ : ٣٢-٣٣ ؛ ٢٢: ٢-٣ ؛ ٣٥ : ٧-٨ ؛ مزمور ١٠٠ : ٢-٣ ؛ ١١٣ : ٥-٦ ؛ إشعياء ٤٠ : ١٣-١٧؛ لوقا ١٧ : ١٠ ؛ أعمال ١٧ : ٢٤-٢٥

(٢) غلاطية ٣ : ١٢

(٣) رومية ٥ : ١٢-٢٠ ؛ ١٠ : ٥

(٤) تكوين ٢ : ١٧ ؛ غلاطية ٣ : ١٠

(٥) تكوين ٣ : ١٥ ؛ إشعياء ٤٢ : ٦ ؛ رومية ٣ : ٢٠-٢١ ؛ ٨ : ٣ ؛ غلاطية ٣ : ٢١

(٦) مرقس ١٦ : ١٥-١٦ ؛ يوحنا ٣ : ١٦ ؛ رومية ٥ : ٦-٩ ؛ غلاطية ٣

(٧) حزقيال ٣٦ : ٢٦-٢٧ ؛ يوحنا ٦ : ٤٤-٤٥

(٨) لوقا ٢٢ : ٢٠ ؛ عبرانيين ٧ : ٢٢ ؛ ٩ : ١٥-١٧؛ ١ كورنثوس ١١ : ٢٥

(٩) ٢ كورنثوس ٣ : ٦-٩

مشيرة إلى مجيء المسيح ؛[١٠] مسوقة بالروح القدس، لتعليم وبناء المختارين للإيمان في المسيح الموعود ،[١١] والذي بواسطته يمكن الصفح الكامل عن الخطايا، ونوال الخلاص الأبدي ؛ وهذا التدبير يدعى 'العهد القديم'.[١٢]

٦- وفي إطلالة عصر المسيح ،[١٣] فإن أحكام هذا العهد قد شملت نظام الوعظ الكتابي، وممارسة سر المعمودية والعشاء الربانيّ ؛[١٤] وبالرغم من عددها القليل، وسهولة ممارستها ، وخلوّها من البهاء الخارجي (بالمقارنة بالطقوس في العهد القديم)، إلاّ هذه الأسرار تحمل في معناها كمالاً أكثر ودلالة أعمق وفعاليّة روحية أكبر،[١٥] وذلك لكل البشر، سواء كانوا يهوداً أو أممين ؛[١٦] وهذا العهد أطلق عليه اسم 'العهد الجديد'.[١٧] وعلى ذلك فإنه لا يوجد عهدان للنعمة ، يختلفان في الجوهر ، ولكن عهد واحد متماثل، تحقّق تحت تدابير متعدّدة.[١٨]

[١٠] رومية ٤: ١١ ؛ ١ كورنثوس ٥ : ٧ ؛ كولوسي ٢ : ١١ - ١٢ ؛ عبرانيين ٨ ؛ ٩ ؛ ١٠

[١١] يوحنا ٨: ٥٦ ؛ ١ كورنثوس ١٠ : ١-٤ ؛ عبرانيين ١١ : ١٣

[١٢] غلاطية ٣ : ٧ - ٩ ، ١٤

[١٣] كولوسي ٢: ١٧

[١٤] متى ٢٨ : ١٩ - ٢٠ ؛ ١ كورنثوس ١١ : ٢٣-٢٥

[١٥] أرميا ٣١ :٣٣ - ٣٤ ؛ عبرانيين ١٢ : ٢٢ - ٢٧

[١٦] متى ٢٨ : ١٩ ؛ أفسس ٢ : ١٥ - ١٩

[١٧] لوقا ٢٢ : ٢٠

[١٨] مزمور ٣٢ : ١ ؛ أعمال ١٥ : ١١ ؛ رومية ٣ : ٢١ - ٢٣ ، ٣٠ ؛ ٤ : ٣، ٦، ١٦ -١٧ ، ٢٣-٢٤ ؛ غلاطية ٣ : ١٤ ، ١٦ ؛ عبرانيين ١٣ : ٨

الفصل الثامن
بما يتعلّق بالمسيح الوسيط بين الله والانسان

١ - لقد سرّ الله حسب مقاصده الأزلية أن يختار ويعيّن الرب يسوع ، ابنه الوحيد ، ليكون الوسيط بين الله والانسان؛[١] يسوع النبي ،[٢] الكاهن ،[٣] والملك ؛[٤] رأس كنيسته ومخلصها؛[٥] وارث كل شيء ؛[٦] وديان العالم ؛[٧] وله وهب الله منذ الأزل أناساً ، ليكونوا ذريّته ،[٨] وبواسطته يصالحون مع الله، مدعوون، مبررون، مقدسون، وممّجدون .[٩]

٢- ابن الله، الاقنوم الثاني في الثالوث، الكائن إلهاً أبدياً، جوهراً واحداً مع الله ومعادلاً له، ولمّا جاء ملء الزمان، أخذ على نفسه طبيعة الإنسان،[١٠] بكل ميزاتها وضعفاتها، لكن بدون خطيّة؛[١١] حبل به بواسطة الروح القدس، في رحم مريم العذراء آخذاً ميزات جسدها البشري.[١٢] وبذلك إتحد اللاهوت بالناسوت بدون انفصام بشخص واحد، بدون تحوّل، أو تركيب، أو اختلاط .[١٣] وهذا الشخص هو اله كامل، وإنسان كامل، المسيح وحده هو الوسيط الوحيد بين الله والانسان.[١٤]

٣- اتّحد الرب يسوع ، بطبيعته البشرّية باللاهوت، فكان قدوساً ، ممسوحاً بالروح القدس فوق كل قياس ،[١٥] هو المذخر فيه جميع كنوز الحكمة والمعرفة؛[١٦] وقد سرّ الآب أن يكون فيه كل الكمال ؛[١٧] وكونه قدوس ، بار ، مملوء نعمة وحقاً ،[١٨] فقد أمكن أن تكون له الكفاءة ليؤدي وظيفة الوسيط .[١٩] ولم يباشر المسيح هذه الوظيفة من تلقاء نفسه، بل دعي من أبيه،[٢٠] الذي أودع بيده كل القدرة والحكمة، وأعطاه السلطة لإنجاز تلك المهمّة.[٢١]

(١) إشعياء ٤٢ : ١ ؛ يوحنا ٣ : ١٦ ؛ ١تيموثاوس ٢ : ٥؛ ١بطرس ١ : ١٩ - ٢٠
(٢) أعمال ٣ : ٢٢
(٣) عبرانيين ٥: ٥-٦
(٤) مزمور ٢ : ٦؛ لوقا ١ :٣٣
(٥) أفسس ٥: ٢٣
(٦) عبرانيين ١ : ٢
(٧) أعمال ١٧ : ٣١
(٨) مزمور ٢٢ : ٣٠ ؛ إشعياء ٥٣ : ١٠ ؛ يوحنا١٧ : ٦
(٩) إشعياء ٥٥: ٤-٥ ؛ ١ كورنثوس ١ : ٣٠؛ ١ تيموثاوس ٢ : ٦
(١٠) يوحنا ١ : ١، ١٤؛ غلاطية ٤: ٤ ؛ فيليبي ٢: ٦ ؛ ١ يوحنا ٥: ٢٠
(١١) عبرانيين ٢ : ١٤، ١٦-١٧ ؛ ٤ : ١٥
(١٢) لوقا ١ : ٢٧، ٣١، ٣٥ ؛ غلاطية ٤ : ٤
(١٣) لوقا ١ : ٣٥ ؛ كولوسي ٢ : ٩ ؛ ١ تيموثاوس٣ : ١٦ ؛ ١ بطرس ٣ : ١٨
(١٤) رومية ١ : ٣- ٤ ؛ ١ تيموثاوس ٢ : ٥
(١٥) مزمور ٤٥ : ٧ ؛ يوحنا ٣ : ٣٤
(١٦) كولوسي ٢ : ٣
(١٧) كولوسي ١ : ١٩
(١٨) يوحنا ١ : ١٤؛ عبرانيين ٧: ٢٦
(١٩) عبرانيين ٧ : ٢٢؛ ١٢ : ٢٤ ؛ أعمال١٠ : ٣٨
(٢٠) عبرانيين ٥ : ٤-٥
(٢١) متى ٢٨ : ١٨ ؛ يوحنا ٥ : ٢٢، ٢٧؛أعمال ٢ : ٣٦

٤- فشرّع الرب يسوع بإنجاز وظيفته بكل الطواعية وطيب الخاطر؛[٢٢] وللمباشرة بمهمته، فقد صار تحت الناموس[٢٣] وحقّق بكمال كل متطلباته.[٢٤] وقد احتمل في نفسه العذابات المريرة[٢٥] وفي جسده الآلام المبرحة؛[٢٦] فقد صلب ومات،[٢٧] ودفن، وبقي تحت سلطة الموت، لكن جسده لم يذق الفساد.[٢٨] في اليوم الثالث قام من الأموات،[٢٩] بنفس الجسد الذي صلب به،[٣٠] والذي صعد به إلى السماء، وجلس على يمين الآب،[٣١] صانعاً الشفاعة،[٣٢] وسيعود لدينونة البشر والملائكة عند نهاية العالم.[٣٣]

٥- بواسطة طاعته وتضحيته الكاملتين ومن خلال الروح القدس الأبدي، أتمّ الرب يسوع المهمّة بكمال إرضاءً لعدل أبيه،[٣٤] فأحرز ليس فقط المصالحة بين البشر والله، بل الميراث الأبدي في ملكوت السموات، لكل الذين دفعهم إليه الآب.[٣٥]

٦- مع أن عمل الفداء لم يكتمل إلاّ بعد تجسّد المسيح، لكن فضله، وفعاليته، ونفعه قد تحوّلت إلى أبناء الله، على مدى العصور منذ بداية الخليقة، وبواسطة المواعيد، والرموز، والقرابين التي تعلن عنه كونه من نسل المرأة الذي يسحق رأس الحيّة، الحمل المذبوح منذ بداية العالم؛ هو هو أمساً واليوم وإلى الأبد.[٣٦]

٧- أكمل المسيح كوسيط (بين الله والانسان)، عمل الوساطة بطبيعته (البشريّة والإلهية) وبكل منهما أنجز كل ما هو خاص بتلك الطبيعة،[٣٧] ومع أن شخصيّة المسيح هي واحدة، فإن ما يخصّ إحدى الطبيعتين ينسب أحياناً في الكتاب المقدّس إلى الشخصيّة المعيّنة بالطبيعة الأخرى.[٣٨]

٨- فكل أولئك الذين إشتراهم يسوع بالفداء[٣٩] فهو بالتأكيد دعاهم بفعاليّة للشركة معه عاملاً الوساطة لأجلهم[٤٠] ومعلناً لهم الإيمان والطاعة من خلال كلمته[٤١] وقد حكم على قلوبهم بكلمته وروحه.[٤٢] قاهراً كل الأعداء بقدرته غير المحدودة وبحكمته بكل الأنواع والطرق ليكونوا مطيعين لأحكامه الرائعة وأموره التي لا تستقصى.[٤٣]

(٢٢) مزمور ٤٠ : ٧-٨ ؛ يوحنا ١٠ : ١٨ ؛ فيليبي ٢ : ٨ ؛ عبرانيين ١٠ : ٥-١٠
(٢٣) غلاطية ٤ : ٤
(٢٤) متى ٣ : ١٥ ؛ ٥ : ١٧
(٢٥) متى ٢٦ : ٣٧ -٣٨ ؛ ٢٧ : ٤٦ ؛ لوقا ٢٢ : ٤٤
(٢٦) متى ٢٦ ؛ ٢٧
(٢٧) فيليبي ٢ : ٨
(٢٨) أعمال ٢ : ٢٣ - ٢٤ ، ٢٧ ؛ ١٣ : ٣٧ ؛ رومية ٦ : ٩
(٢٩) ١ كورنثوس ١٥ : ٣-٥
(٣٠) يوحنا ٢٠ : ٢٥ ، ٢٧
(٣١) مرقس ١٦ : ١٩
(٣٢) رومية ٨ : ٣٤ ؛ عبرانيين ٧ : ٢٥ ؛ ٩ : ٢٤
(٣٣) متى ١٣ : ٤٠-٤٢ ؛ أعمال ١ : ١١ ؛ ١٠ : ٤٢ ؛ رومية ١٤ : ٩-١٠ ؛ ٢ بطرس ٢ : ٤ ؛ يهوذا ٦
(٣٤) رومية ٣ : ٢٥-٢٦ ؛ ٥ : ١٩ ؛ أفسس ٥ : ٢ ؛ عبرانيين ٩ : ١٤ ، ١٦ ؛ ١٠ : ١٤
(٣٥) دانيال ٩ : ٢٤ ، ٢٦ ؛ يوحنا ١٧ : ٢ ؛ أفسس ١ : ١١ ، ١٤ ؛ كولوسي ١ : ١٩-٢٠ ؛ عبرانيين ٩ : ١٢ ، ١٥
(٣٦) تكوين ٣ : ١٥ ؛ غلاطية ٤ : ٤-٥ ؛ عبرانيين ١٣ : ٨ ؛ رؤيا ١٣ : ٨
(٣٧) عبرانيين ٩ : ١٤ ؛ ١ بطرس ٣ : ١٨
(٣٨) أعمال ٢٠ : ٢٨ ؛ يوحنا ٣ : ١٣ ؛ ١ يوحنا ٣ : ١٦
(٣٩) يوحنا ٦ : ٣٧ ، ٣٩ ؛ ١٠ : ١٥ - ١٦
(٤٠) رومية ٨ : ٣٤ ؛ ١ يوحنا ٢ : ١-٢
(٤١) يوحنا ١٥ : ١٣ ، ١٥ ؛ ١٧ : ٦ ؛ أفسس ١ : ٧- ١٠
(٤٢) يوحنا ١٤ : ١٦ ؛ ١٧ : ١٧ ؛ رومية ٨ : ٩ ، ١٤ ؛ ١٥ : ١٩
(٤٣) مزمور ١١٠ : ١ ؛ ملاخي ٤ : ٢-٣ كولوسي ٢ : ١٥

الفصل التاسع
بما يتعلّق بحرية الإرادة

١ - منح الله إرادة الانسان حريّة فطريّة، ليست جبريّة وغير مقيّدة إطلاقاً بأية حاجة طبيعية لكي يختار الخير أو الشر.[١]

٢ - في حالة البراءة (قبل السقوط في الخطيّة)، امتلك الانسان الحريّة وقدرة الإرادة على عمل الخير ومسرّة الله؛[٢] وعلاوة على هذا، فإنه كان يملك الإرادة للإرتداد عن ذلك.[٣]

٣ - ونتيجة سقوطه في الخطيّة فقد خسر الانسان كلياً قدرة الإرادة على عمل الخير الروحي لاقتناء الخلاص؛[٤] بحيث أنه بطبيعته صار كارهاً لكل شيء صالح،[٥] كونه ميت في الخطيّة،[٦] وغير قادر بجهده الشخصي أن يتحوّل للصلاح أو يهيء نفسه للخلاص.[٧]

٤ - عندما يخلّص الله الخاطئ، ويأتي به إلى حالة النعمة، فإنه يحرره من عبودية الخطيّة؛[٨] وبالنعمة فقط يمّكنه بحرية الإرادة أن يختار الخير الروحي؛[٩] وعلاوة على ذلك، وبحكم استمرار الطبيعة الفاسدة، فإنه يصعب على الانسان أن يختار بشكل كامل عمل الخير فقط بل بإمكانه أيضاً أن يختار الشر.[١٠]

٥ - إن إختيار الإنسان للصلاح بمحض إرادته وبشكل لا نقص فيه ولا عيب، غير وارد إلا في حالة المجد السماوي.[١١]

(١) تثنية ٣٠: ١٩، متى ١٧: ١٢، يعقوب ١: ١٤
(٢) تكوين ١: ٢٦؛ الجامعة ٧: ٢٩
(٣) تكوين ٢: ١٦-١٧؛ ٣: ٦
(٤) يوحنا ١٥: ٥؛ رومية ٥: ٦، ٨: ٧
(٥) رومية ٣: ١٠، ١٢
(٦) أفسس ٢: ١، ٥؛ كولوسي ٢: ١٣
(٧) يوحنا ٦: ٤٤، ٦٥؛ ١ كورنثوس ٢: ١٤؛ أفسس ٢: ٢-٥؛ تيطس ٣: ٣-٥
(٨) يوحنا ٨: ٣٤، ٣٦؛ كولوسي ١: ١٣
(٩) رومية ٦: ١٨، ٢٢؛ فيليبي ٢: ١٣
(١٠) رومية ٧: ١٥، ١٨-١٩، ٢١، ٢٣؛ غلاطية ٥: ١٧
(١١) أفسس ٤: ١٣؛ عبرانيين ١٢: ٢٣، ١ يوحنا ٣: ٢؛ يهوذا ٢٤

الفصل العاشر
بما يتعلّق بفاعليّة دعوة الله

١ - إن كل أولئك الذين عيّنهم الله مسبقاً للحياة [١] وقد سرّ بأن يدعوهم بكلمته وروحه، [٢] في الوقت المعيّن والمقبول لينقلهم من حالة الخطيّة والموت التي بحسب الطبيعة إلى النعمة والخلاص بالمسيح يسوع؛ [٣] وقد أنار عقولهم بالروح والخلاص ليفهموا أمور الله [٤] فنزع منهم القلوب الحجريّة وأعطاهم قلوباً لحميّة؛ [٥] مجدداً إرادتهم بقدرته الكليّة لكي يعرفوا ما هو صالح. [٦] وقد قادهم بفاعلية إلى المسيح يسوع؛ [٧] وأعطاهم كامل الحريّة إذ جعلهم يقبلون النعمة. [٨]

٢ - إن فاعلية الدعوة هي هبة ونعمة خاصة من الله ، وليست مشروطة بأي شيء مدرك حدوثه في نيّة الانسان، [٩] الذي هو بجملته غير قادر على ذلك ، إلا بلمسة وتجديد الروح القدس ، [١٠] وبذلك يستطيع الانسان أن يتجاوب مع دعوة الله راضياً بنعمته المعروضة عليه والموجّهة إليه. [١١]

٣ - الأطفال المدعوون من الله والذين يتوفون في طفولتهم ، هم متجددون ومخلّصون في المسيح، بواسطة الروح القدس ، [١٢] الذي يعمل في الوقت والمكان والطريقة التي يسر بها ؛ [١٣] وبنفس الطريقة يخلص كل المدعوين الذين لم تتوفّر لهم فرصة لسماع الكلمة المقدّسة . [١٤]

٤ - الآخرون الذين لم يدعهم الله ، بالرغم من ممارستهم خدمة الكلمة، [١٥] وبالرغم من ظهور بعض أعمال الروح بواسطتهم ، [١٦] إلا أنهم لم يقبلوا المسيح ، فهم غير مخلّصين ؛ [١٧] وعلاوة على ذلك ، فإن كل إنسان لم يختبر الإيمان المسيحي ، فإنه لا يستطيع أن يخلص بأية طريقة أخرى [١٨] ، وهو بالرغم من إجتهاده لكي يصوغ حياته حسب الاستنارة الطبيعية ومبادئ التديّن الظاهري ويزعم ويؤكّد أن ذلك ممكن فهو مهلك وبغيض. [١٩]

(١) رومية ٨:٣٠؛١١:٧؛أفسس١ : ١٠-١١
(٢) ٢كورنثوس ٣:٣،٦؛٢ تسالونيكي ٢:١٣-١٤
(٣) رومية ٨:٢؛ أفسس ٢:١-٥؛ ٢ تيموثاوس١ : ٩-١٠
(٤) أعمال ٢٦:١٨ ؛ ١كورنثوس ٢: ١٠، ١٢ ؛ أفسس ١:١٧ - ١٨
(٥) حزقيال ٣٦: ٢٦
(٦) تثنية ٣٠:٦؛حزقيال ١١:١٩؛٣٦: ٢٧؛ فيلبي ٢:١٣
(٧) يوحنا ٦:٤٤-٤٥؛ أفسس ١:١٩
(٨) مزمور ١١٠:٣؛نشيد الانشاد ١:٤؛ يوحنا ٦:٣٧؛رومية ٦:١٦-١٨
(٩) رومية ٩:١١؛أفسس ٢: ٤-٥؛٨-٩؛ ٢تيموثاوس ١:٩؛ تيطس ٣:٤-٥
(١٠) رومية ٨:٧؛١ كورنثوس ٢:١٤؛أفسس ٢:٥
(١١) يوحنا ٥:٢٥؛٦:٣٧؛حزقيال ٣٦:٢٧
(١٢) لوقا ١٨:١٥-١٦؛يوحنا ٣:٣،٥؛أعمال ٢:٣٨-٣٩؛ رومية ٨:٩؛١يوحنا ٥:١٢
(١٣) يوحنا ٣:٨
(١٤) أعمال ٤:١٢؛١ يوحنا ٥:١٢
(١٥) متى٢٢:١٤
(١٦) متى٧:٢٢؛١٣:٢٠-٢١؛عبرانيين٦:٤-٥
(١٧) يوحنا ٦:٦٤-٦٦؛٨:٢٤
(١٨) يوحنا ٤:٢٢؛١٤:٦؛١٧:٣؛أعمال ٤:١٢؛أفسس٢:١٢
(١٩) ١كورنثوس ١٦:٢٢ ؛ غلاطية ١:٦-٨ ؛ ٢يوحنا ٩-١١

الفصل الحادي عشر
بما يتعلّق بالتبرير

١ - أولئك الذين دعاهم الله ، هو أيضاً بررهم بكامل حريته ؛[١] ولم يحدث هذا التبرير بواسطة غرس الصلاح في كيانهم ، ولكن بمغفرة الله لخطاياهم ، وبقبولهم كصالحين ليس لأي شيء فيهم أو لأي عمل أنجزوه، ولكن فقط لأجل خاطر المسيح ؛ وليس باسناد الإيمان إليهم، أو لخاطر إيمانهم أو طاعتهم بل إسناد طاعة المسيح ورضاءه عليهم،[٢] وبذلك يقبلون المسيح ويرتاحون به وبصلاحه؛ بالإيمان وذلك ليس منهم، هو عطيّة الله .[٣]

٢ - وهكذا فالإيمان هو قبول المسيح والثقة به وبصلاحه، وهذه هي الوسيلة الوحيدة للتبرير؛[٤] وتصحب هذا التبرير نعمٌ خلاصيّة، فهو ليس إيمان ميّت، بل مثمر بأعمال المحبّة .[٥]

٣ - وبواسطة طاعة المسيح وموته، فقد وفىّ الدين المترتّب على كل المبرّرين، وصنع رضاءاً كاملاً وحقيقياً تجاه عدل أبيه بالنيابة عنهم .[٦] فقد أنجز المسيح ذلك بالمقدار الذي أعطاه إياه الآب لأجلهم؛[٧] فقبل الآب طاعة المسيح وارتضاها بالنيابة عنهم ؛[٨] ولم يحصل هذا التبرير باستحقاق أي شخص؛ ولكنه بمحض نعمة الله المجانيّة؛[٩] وبذلك تمّ إرضاء عدل الله وغنى مجد نعمته معلنة بتبرير الخاطيء .[١٠]

٤ - لقد حكم الله منذ الأزل بتبرير المدعووين،[١١] وعندما كمل الزمان مات المسيح لأجل خطاياهم وقام من أجل تبريرهم ؛[١٢] ومع ذلك، لا يحصل التبرير حتىّ يحقّق الروح القدس في الوقت المعيّن عمل المسيح فيهم .[١٣]

---

(١) رومية ٣ :٢٤ ؛٨ :٣٠

(٢) أرمياء ٢٣ :٦ ؛رومية ٣ :٢٢، ٢٤ -٢٥، ٢٧ - ٢٨ ؛ ٤ :٥ -٨ ؛ ٥ :١٧ -١٩ ؛ ١كورنثوس ١ :٣٠ - ٣١ ؛ ٢ كورنثوس ٥ :١٩، ٢١ ؛ أفسس ١ :٧ ؛ تيطس٣ :٥، ٧

(٣) أعمال ١٠ :٤٤ ؛ ١٣ :٣٨ -٣٩ ؛غلاطية ٢ :١٦ ؛ أفسس ٢ :٧ -٨ ؛ فيليبي ٣ :٩

(٤) يوحنا١ :١٢ ؛رومية ٣ :٢٨ ؛ ٥ :١

(٥) غلاطية ٥ :٦ ؛يعقوب ٢ :١٧، ٢٢، ٢٦

(٦) إشعياء٥٣ :٤ -٦، ١٠ - ١٢ ؛دانيال٩ :٢٤، ٢٦ ؛رومية٥ :٨ -١٠ ، ١٩ ؛ ١تيموثاوس٢ :٥ -٦ ؛عبرانيين١٠ :١٠، ١٤

(٧) رومية٨ :٣٢

(٨) متى٣ :١٧ ؛ أفسس ٥ :٢ ؛٢كورنثوس٥ :٢١

(٩) رومية ٣ :٢٤ ؛أفسس١ :٧

(١٠) رومية ٣ :٢٦ ؛ أفسس٢ :٧

(١١) رومية ٨ :٣٠ ؛غلاطية ٣ :٨ ؛ ١بطرس١ :٢، ١٩ -٢٠

(١٢) رومية٤ :٢٥ ؛غلاطية٤ :٤ ؛ ١تيموثاوس ٢ :٦

(١٣) غلاطية ٢ :١٦ ؛ كولوسي ١ :٢١ -٢٢ ؛ تيطس ٣ :٤ -٧

٥- يستمر الله بغفران خطايا المبرّرين؛[١٤] ومع أنهم لا يسقطون من حالة التبرير،[١٥] إلا أنه بارتكاب الخطيّة يقعون تحت إغاظة أبوة الله لهم، فلا ينعمون بنور رضاه إلاّ عندما يتواضعون، ويعترفون بخطيّتهم، ويستجدّون عفوه ويجددون إيمانهم وتوبتهم.[١٦]

٦- تبرير المؤمن في العهد القديم كان بكل هذه الاعتبارات نفس التبرير الذي في العهد الجديد.[١٧]

[١٤] متى٦:١٢؛١يوحنا ١:٧،٩؛٢:١-٢

[١٥] لوقا٢٢:٣٢؛يوحنا١٠:٢٨؛عبرانيين ١٠:١٤

[١٦] مزمور٣٢:٥،٥١:٧-١٢؛٨٩:٣١ ٣٣ ؛ متى ٢٦:٧٥؛لوقا١:٢٠؛١كورنثوس ١١:٣٠،٣٢

[١٧] رومية ٤:٢٢-٢٤؛غلاطية ٣:٩،١٣-١٤؛ عبرانيين ١٣:٨

الفصل الثاني عشر
بما يتعلّق بالتبني

١ - إن جميع هؤلاء المبررين سامحهم الله في ابنه يسوع المسيح ولأجله ليكونوا مشاركين له بنعمة التبني؛[١] هؤلاء هم الذين إختارهم للتمتع بحريّة وامتيازات أبناء الله،[٢] وقد وضع اسمه عليهم،[٣] فقبلوا روح التبني،[٤] ولهم حريّة الاقتراب بجسارة إلى عرش النعمة،[٥] صارخين، يا أبا، الآب،[٦] تحت عطفه،[٧] وحمايته،[٨] وحفظه،[٩] وتأديبه لهم كأب.[١٠] وهم غير مطروحين،[١١] بل مختومين ليوم الفداء،[١٢] يرثون المواعيد،[١٣] كما يرثون الخلاص الأبدي.[١٤]

(١) غلاطية ٤: ٤-٥؛ أفسس ١: ٥
(٢) يوحنا ١: ١٢؛ رومية ٨: ١٧
(٣) أرمياء ١٤: ٩؛ ٢ كورنثوس ٦: ١٨؛ رؤيا ٣: ١٢
(٤) رومية ٨: ١٥
(٥) رومية ٥: ٢؛ أفسس ٣: ١٢
(٦) غلاطية ٤: ٦
(٧) مزمور ١٠٣: ١٣
(٨) أمثال ١٤: ٢٦
(٩) متى ٦: ٣٠، ٣٢؛ ١ بطرس ٥: ٧
(١٠) عبرانيين ١٢: ٦
(١١) مراثي إرمياء ٣: ٣١
(١٢) أفسس ٤: ٣٠
(١٣) عبرانيين ٦: ١٢
(١٤) عبرانيين ١: ١٤؛ ١ بطرس ١: ٣-٤

الفصل الثالث عشر
بما يتعلّق بالتقديس

١ - إن الذين تمت فيهم فاعلية الدعوة قد تجددوا، حائزين على قلب جديد ومسكوب فيهم روح جديد، وعلاوة على ذلك قد تقدّسوا بالحق وبشكل شخصي بفضل موت وقيامة المسيح،[١] بواسطة كلمته وروحه الساكنين فيهم؛[٢] فيبطل جسد الخطيّة،[٣] وتصلب الأهواء والشهوات تدريجياً حتى موتها؛[٤] متقوّين أكثر فأكثر بجدّة الحياة وبكل خلاص النعمة،[٥] من أجل ممارسة القداسة الحقيقية، والتي بدونها لن يرى أحد الرب.[٦]

٢ - عمل التقديس يشمل كل جوانب حياة الشخص،[٧] رغم عدم كمالها في هذه الدنيا، حيث تستمر آثار الفساد في كل الجوانب؛[٨] والتي منها ينشأ صراع شديد لأن الجسد يشتهي ضد الروح والروح ضد الجسد.[٩]

٣ - ورغم أنه يبدو في هذا الصراع فوز جانب الفساد ولحين قصير؛[١٠] لكن بقوّة ومؤازرة روح المسيح القدوس، فإن الجانب المتجدد ينتصر؛[١١] وبذلك ينمو القديسون بالنعمة،[١٢] مكمّلين القداسة بمخافة الله.[١٣]

(١) أعمال ٢٠: ٣٢؛ رومية ٦: ٥-٦؛ ١كورنثوس ٦: ١١؛ فيلبي ٣: ١٠
(٢) يوحنا ١٧: ١٧؛ أفسس ٥: ٢٦؛ ٢ تسالونيكي ٢: ١٣
(٣) رومية ٦: ٦، ١٤
(٤) رومية ٨: ١٣؛ غلاطية ٥: ٢٤
(٥) أفسس ٣: ١٦-١٩؛ كولوسي ١: ١١
(٦) ٢ كورنثوس ٧: ١؛ عبرانيين ١٢: ١٤
(٧) ١تسالونيكي ٥: ٢٣
(٨) رومية ٧: ١٨، ٢٣؛ فيلبي ٣: ١٢؛ ١يوحنا ١: ١٠
(٩) غلاطية ٥: ١٧؛ ١بطرس ٢: ١١
(١٠) رومية ٧: ٢٣
(١١) رومية ٦: ١٤؛ أفسس ٤: ١٥-١٦؛ ١يوحنا ٥: ٤
(١٢) ٢ كورنثوس ٣: ١٨؛ ٢ بطرس ٣: ١٨
(١٣) ٢ كورنثوس ٧: ١

الفصل الرابع عشر
بما يتعلّق بالإيمان الخلاصي

١ - إن نعمة الإيمان، والتي تمكّن بواسطتها المختارون أن يؤمنوا بخلاص أرواحهم،[١] هي عمل روح المسيح في قلوبهم،[٢] وبصورة عاديّة تتم بخدمة الكلمة،[٣] وتدبير الاسرار المقدّسة والصلاة.[٤] فتزداد وتتقوّى.

٢ - وبهذا الإيمان فإن المسيحي يؤمن بصدقيّة الكلمة وكأن الله نفسه يتكلّم فيها بكل سلطة؛[٥] ويعمل بحسب تعاليم كل أجزائها بطواعيّة لمأموريتها،[٦] مرتعداً لتحذيراتها،[٧] راضياً بمواعيد الله في هذه الحياة والعتيدة أيضاً.[٨] ولكن العمل الأساسي المتعلّق بالإيمان الخلاصي هو قبولٌ، واستلامٌ، وثقة بالمسيح وحده من أجل التبرير، القداسة، والحياة الأبدية، وذلك بفضل عهد النعمة.[٩]

٣ - وهذا الإيمان متغاير بدرجاته، من الضعف أو القوة؛[١٠] وبعدة طرق يهاجم فيضعف لكنه ينال الغلبة؛[١١] نامياً في الكثيرين لبلوغ التأكيد الكامل بواسطة المسيح،[١٢] الذي هو رئيس الإيمان ومكمّله.[١٣]

[١] عبرانيين ١٠ : ٣٩
[٢] ٢ كورنثوس ٤ : ١٣؛ أفسس ١ : ١٧ - ١٩؛ ٢ : ٨
[٣] رومية ١٠ : ١٤، ١٧
[٤] لوقا ١٧ : ٥؛ أعمال ٢٠ : ٣٢؛ رومية ١ : ١٦ -١٧؛ ٤ : ١١؛ ١ بطرس ٢ : ٢
[٥] يوحنا ٤ : ٤٢؛ أعمال ٢٤ : ١٤؛ ١ تسالونيكي ٢ : ١٣؛ ١ يوحنا ٥ : ١٠
[٦] رومية ١٦ : ٢٦
[٧] إشعياء ٦٦ : ٢
[٨] ١ تيموثاوس ٤ : ٨ ؛ عبرانيين ١١ : ١٣
[٩] يوحنا ١ : ١٢؛ أعمال ١٥ : ١١؛ ١٦ : ٣١؛ غلاطية ٢ : ٢٠
[١٠] متى ٦ : ٣٠؛ ٨ : ١٠؛ رومية ٤ : ١٩ -٢٠؛ عبرانيين ٥ : ١٣ - ١٤
[١١] لوقا ٢٢ : ٣١ - ٣٢؛ أفسس ٦ : ١٦؛ ١ يوحنا ٥ : ٤-٥
[١٢] عبرانيين ٦ : ١١ - ١٢؛ ١٠ : ٢٢
[١٣] عبرانيين ١٢ : ٢

الفصل الخامس عشر
بما يتعلّق بالتوبة المؤدية للحياة

١ - التوبة المؤدية للحياة هي نعمة إنجيلية،[١] وعقيدة يجب أن يبشر بها كل خادم للإنجيل، كما يتوجّب التبشير أيضاً بالإيمان بالمسيح.[٢]

٢ - وبواسطتها (التوبة) فإن الخاطيء يرى ويشعر ليس فقط بخطورة الخطيّة، بل أيضاً بنجاستها والاشمئزاز منها، لأنها مخالفة لطبيعة قداسة وصلاح ناموس الله؛ وبناء على إدراك رحمة الله بالمسيح فالتائب يحزن على خطاياه ويمقتها، فيتحوّل عنها قاصداً الله،[٣] متوخياً وجاهداً للسير معه في كل مناهج وصاياه.[٤]

٣ - مع أن التوبة لا تعطي إطمئنان أو أي رضى عن الخطيّة، وليست بحد ذاتها سبباً للعفو عنها،[٥] فذلك عمل نعمة الله المجاني بالمسيح؛[٦] ولكن بنفس الوقت فإن التوبة ضرورية جداً لكل خاطئ، بحيث لا يستطيع أحد أن يتوقع الصفح بدونها.[٧]

٤ - لا توجد أية خطيّة صغيرة لا تستحق العقاب؛[٨] ولا تستطيع أية خطيّة هائلة أن تفرض العقاب الأبدي على كل تائب حقيقي.[٩]

٥ - يجب أن لا يكتفي الفرد بالتوبة بشكل عمومي، بل يجب على كل فرد أن يتوب شخصياً على كل خطيّة.[١٠]

٦ - كما أن كل شخص ملزم الاعتراف شخصياً بخطاياه لله، مصلياً للعفو عنها؛[١١] فيجد رحمة حين يهجرها؛[١٢] فكل فرد يجلب العار على أخيه المؤمن، أو على كنيسة المسيح، عليه إرادياً سواء بشكل خاص أو عمومي الاعتراف بالذنب والحزن على خطيّته، والتصريح عن توبته لكل اللذين اساء إليهم،[١٣] وبدورهم يجب ان يتصالحوا معه وأن يقبلوه بمحبّة.[١٤]

[١] زكريّا ١٢ : ١٠ ؛ أعمال ١١ : ١٨
[٢] مرقس ١ : ١٥ ؛ لوقا ٢٤ : ٤٧ ؛ اعمال ٢٠ : ٢١
[٣] مزمور ٥١ : ٤ ؛ ١١٩ : ١٢٨ ؛ إشعياء ٣٠ : ٢٢ ؛ أرمياء٣١ : ١٨ - ١٩ ؛ حزقيال ١٨ : ٣٠ -٣١ ، ٣٦ : ٣١ ؛ يوئيل ٢ : ١٢ -١٣ ، ١٥ ؛ عاموس ٢٥ : ١٥ ؛ كورنثوس ٧ : ١١
[٤] ملوك الثاني ٢٣ : ٢٥ ؛ مزمور ١١٩ : ٦ ، ٥٩ ، ١٠٦ ؛ لوقا ١ : ٦
[٥] حزقيال ١٦ : ٦١ -٦٣ ؛ ٣٦ : ٣١ - ٣٢
[٦] عوبديا ١٤ : ٢ ،٤ ؛ رومية ٣ : ٢٤ ؛ أفسس ١ : ٧
[٧] لوقا ١٣ : ٣ ، ٥ ؛ أعمال ١٧ : ٣٠ -٣١
[٨] متى١٢ : ٣٦ ؛ رومية ٥ : ١٢ ؛ ٦ : ٢٣
[٩] إشعياء ١ : ١٦ ، ١٨ ؛ ٥٥ : ٧ ؛ رومية ٨ : ١
[١٠] مزمور ١٩ : ١٣ ؛ لوقا ١٩ : ٨ ؛ ١ تيموثاوس ١ : ١٣ ، ١٥
[١١] مزمور ٣٢ : ٥ -٦ ؛ ٥١ : ٤ -٥ ،٧ ،٩ ،١٤
[١٢] أمثال ٢٨ : ١٣ ؛ ١ يوحنا ١ : ٩
[١٣] يشوع ٧ : ١٩ ؛ مزمور ٥١ ، لوقا ١٧ : ٣ -٤ ؛ يعقوب ٥ : ١٦
[١٤] ٢ كورنثوس ٢ : ٨

الفصل السادس عشر
بما يتعلّق بالأعمال الصالحة

١ - الأعمال الصالحة بحد ذاتها هي التي أمر بها الله في كلمته المقدّسة،[١] ولا يمكن تبرير صنعها من قبل الشر سواء لغيرة عمياء، أو نيّة صالحة، إلا بضمانتها بواسطة كلمة الله.[٢]

٢ - إنجاز الأعمال الصالحة ينتج عن طاعة المأمورية لله، وهي ثمر الإيمان الحي وبرهان حقيقي عليه؛[٣] وبواسطتها يظهر المؤمنون ثناءهم لله،[٤] فيتقوى يقينهم،[٥] يعلّمون إخوتهم عن المسيح،[٦] يظهرون مصداقية شهادتهم بالإنجيل،[٧] يقفون ضد انتقادات المناوئين، ويمجدون الله،[٩] كعمله، مخلوقين في المسيح لأعمال صالحة،[١٠] لهم ثمر القداسة ليكون لهم في النهاية الحياة الأبدية.[١١]

٣ - إن إنجازهم للأعمال الصالحة لا يتوقف على القدرة الذاتية، بل بواسطة روح المسيح.[١٢] وليتمكّنوا من إنجاز ذلك بجانب النعم الموهوبة لهم، فإن الروح القدس يعمل فيهم مشيئته من أجل مسرتّة؛[١٣] ومع ذلك يجب أن لا يتقاعسوا وكأنه غير محتوم عليهم أن ينجزوا أي واجب، بل يجب عليهم النشاط لتحريك نعمة الله فيهم.[١٤]

٤ - لا يستطيع أي مؤمن بالرغم من طاعته، بلوغ شأو من الأعمال الصالحة في هذه الحياة يفوق متطلّبات الله، بل إنهم يقصّرون عن كثير مما هم ملزمون به من واجبات.[١٥]

٥ - لا نستطيع بواسطة أفضل أعمالنا أن نستحق المسامحة عن الخطيّة، أو استحقاق الحياة الأبديّة بمحضر الله، فبسبب الفاصل العظيم بيننا وبين مجد الله العتيد،

(١) ميخا ٦: ٨؛ رومية ١٢: ٢؛ عبرانيين ١٣: ٢١
(٢) ١ صموئيل ١٥: ٢١-٢٣؛ إشعياء ٢٩: ١٣؛ متى ١٥: ٩؛ يوحنا ١٦: ٢؛ رومية ١٠: ٢؛ ١ بطرس ١: ١٨
(٣) يعقوب ٢: ١٨، ٢٢
(٤) مزمور ١١٦: ١٢-١٣؛ ١ بطرس ٢: ٩
(٥) ٢ بطرس ١: ٥-١٠؛ ١ يوحنا ٢: ٣، ٥
(٦) متى ٥: ١٦؛ ٢ كورنثوس ٩: ٢
(٧) ١ تيموثاوس ٦: ١؛ تيطس ٢: ٥، ٩ - ١٢
(٨) ١ بطرس ٢: ١٥
(٩) يوحنا ١٥: ٨؛ فيلبي ١: ١١؛ ١ بطرس ٢: ١٢
(١٠) أفسس ٢: ١٠
(١١) رومية ٦: ٢٢
(١٢) حزقيال ٣٦: ٢٦ - ٢٧؛ يوحنا ١٥: ٤ - ٦
(١٣) ٢ كورنثوس ٣: ٥؛ فيلبي ٢: ١٣؛ ٤: ١٣
(١٤) إشعياء ٦٤: ٧؛ أعمال ٢٦: ٦-٧؛ فيلبي ٢: ١٢؛ ٢ تيموثاوس ١: ٦؛ عبرانيين ٦: ١١ - ١٢؛ ٢ بطرس ١: ٣، ٥، ١٠ - ١١؛ يهوذا ٢٠-٢١
(١٥) نحميا ١٣: ٢٢؛ أيوب ٩: ٢-٣؛ لوقا ١٧: ١٠؛ غلاطية ٥: ١٧

والشرخ الأبدي بين الله والناس، فلا نستطيع الانتفاع بأعمالنا، ولا نستطيع الوفاء بواسطها بالدين المتوجب على خطايانا السالفة،[١٦] ولكن عندما نعمل كل ما يمكننا عمله فإننا فقط نعمل واجبنا نحو الله رغم عدم استحقاقنا؛[١٧] فصلاحيّة أعمالنا هي نتيجة عمل الروح القدس،[١٨] والأعمال الذاتية هي بنظر الله مدنسة، ممزوجة بالضعفات والعيوب، فلا تستطيع وحدها اجتناب عقاب الله الشديد.[١٩]

٦- ومع ذلك، فإن المؤمنين وبما ينجزون من أعمال صالحة فهم مقبولون بواسطة المسيح،[٢٠] ليس لأنهم غير مستحقين اللوم والعقاب،[٢١] بل لأن الله ينظر إليهم من خلال إبنه، رغم أن أعمالهم الصالحة تشوبها الضعفات وعدم الكمال.[٢٢]

٧- إن الاعمال الصالحة التي ينجزها غير المؤمن المتجدد، والتي من الممكن أن تعتبر مركزية بالنسبة إليه قد تتماشى مع وصايا الله وتسري فائدتها له ولغيره؛[٢٣] ولكن لأنهم يقدمون عليها بقلب غير مطهر بالإيمان؛[٢٤] وهي غير مصحوبة بالوسيلة الصحيحة المرتكزة على تعاليم الكتاب المقدس؛[٢٥] وغير مقرونة بهدف مجد الله،[٢٦] فإن هذه الأعمال هي خاطئة، ولا تستطيع أن تسّر الله، أو تجعل الإنسان مستحقاً لنعمة الله؛[٢٧] وبنفس الوقت فإن إهمالهم لهذه الأعمال يزيد من إستياء الله تجاههم.[٢٨]

[١٦] أيوب ٢٢: ٢-٣؛ ٣٥: ٧-٨ ؛ مزمور ١٦: ٢؛ رومية ٣: ٢٠؛ ٤: ٢، ٤، ٦؛ ٨: ١٨؛ أفسس ٢: ٨-٩؛ تيطس ٣: ٥-٧

[١٧] لوقا ١٧: ١٠

[١٨] غلاطية ٥: ٢٢-٢٣

[١٩] مزمور ١٣٠: ٣؛ ١٤٣: ٢؛ إشعياء ٦٤: ٦؛ رومية ٧: ١٥، ١٨؛ غلاطية ٥: ١٧

[٢٠] تكوين ٤: ٤؛ خروج ٢٨: ٣٨، أفسس ١: ٦؛ عبرانيين ١١: ٤؛ ١ بطرس ٢: ٥

[٢١] أيوب ٩: ٢٠؛ مزمور ١٤٣: ٢

[٢٢] متى ٢٥: ٢١، ٢٣؛ عبرانيين ٦: ١٠؛ ١٣: ٢٠-٢١؛ ٢ كورنثوس ٨: ١٢

[٢٣] ١ ملوك ٢١: ٢٧، ٢٩؛ ٢ ملوك ١٠: ٣٠- ٣١؛ فيليبي ١: ١٥-١٦، ١٨

[٢٤] تكوين ٤: ٥؛ عبرانيين ١١: ٤، ٦

[٢٥] إشعياء ١: ١٢؛ ١ كورنثوس ١٣: ٣

[٢٦] متى ٦: ٢، ٥، ١٦

[٢٧] هوشع ١: ٤؛ عاموس ٥: ٢١- ٢٢؛ حجي ٢: ١٤؛ رومية ٩: ١٦؛ تيطس ١: ١٥؛ ٣: ٥

[٢٨] أيوب ٢١: ١٤- ١٥؛ مزمور ١٤: ٤؛ ٣٦: ٣؛ متى ٢٣: ٢٣، ٢٥: ٤١-٤٣، ٤٥

الفصل السابع عشر
بما يتعلّق بثبات المؤمن

١ - كل الذين قبلهم الله بواسطة دعوة المحبوب(يسوع المسيح)، الفعالة، بررهم بروحه القدوس، وليس من الممكن أن يسقطوا من حالة النعمة، لكنهم يثبتون في النعمة إلى النهاية، ويخلصون للأبد.[١]

٢ - لا يعتمد ثبات المؤمن على إرادته الذاتية الحرّة، بل على أحكام الأختيار الثابتة التي تنشأ عن محبّة الله الآب غير المتغيّرة؛[٢] بناء على فاعلية واستحقاق شفاعة المسيح يسوع،[٣] وبفضل مكوث الروح القدس وبذار الله فيهم،[٤] وطبيعة عهد نعمة الله؛[٥] والتي تنشأ عنها العصمة المؤكدة.[٦]

٣ - ومع ذلك، فمن الممكن أنه بواسطة إغراءات إبليس والعالم وتفشي طبيعة الفساد الباقية في الجسد، وإهمال وسائل الثبات(الروحي) أن يسقطوا في خطايا فادحة؛[٧] يستمرون بها لوقت؛[٨] فيجلبون على أنفسهم غضب الله،[٩] ويحزنون روحه القدوس،[١٠] ويفقدون مقداراً من النعمة والعزاء،[١١] فتتقسّى قلوبهم،[١٢] وتنجرح ضمائرهم؛[١٣] فيجلبون المضرة والخزي للآخرين،[١٤] ولأنفسهم دينونة الله المؤقتة.[١٥]

(١) فيليبي ١ : ٦ ؛ ١ بطرس ١ : ٥، ٩ ؛ ٢ بطرس ١ : ١٠ ؛ ١ ؛ يوحنا ٣ : ٩
(٢) إرمياء ٣١ : ٣ ؛ ٢ تيموثاوس ٢ : ١٨ -١٩
(٣) لوقا ٢٢ : ٣٢ ؛ يوحنا ١٧ : ١١ ، ٢٤ ؛ رومية ٨ : ٣٣ -٣٩ ؛ عبرانيين ٧ : ٢٥ ؛ ٩ : ١٢ -١٥ ؛ ١٠ : ١٠ ، ١٤ ؛ ١٣ : ٢٠ - ٢١
(٤) يوحنا ١٤ : ١٦ -١٧ ؛ ١ يوحنا ٢ : ٢٧ ؛ ٣ : ٩
(٥) أرمياء ٣٢ : ٤٠
(٦) يوحنا ١٠ : ٢٨ ؛ ٢ تسالونيكي ٣ : ٣ ؛ ١ يوحنا ٢ : ١٩
(٧) متى ٢٦ : ٧٠، ٧٢، ٧٤
(٨) مزمور ٥١
(٩) ٢ صموئيل ١١ : ٢٧ ؛ إشعياء ٦٤ : ٥، ٧، ٩
(١٠) أفسس ٤ : ٣٠
(١١) مزمور ٥١ : ٨، ١٠، ١٢ ؛ نشيد الأنشاد ٥ : ٢ -٤، ٦ ؛ رؤيا ٢ : ٤
(١٢) إشعياء ٦٣ : ١٧ ؛ مرقس ٦ : ٥٢ ؛ ١٦ : ١٤
(١٣) مزمور ٣٢ : ٣ -٤ ؛ ٥١ : ٨
(١٤) ٢ صموئيل ١٢ : ١٤
(١٥) مزمور ٨٩ : ٣١ - ٣٢ ؛ ١ كورنثوس ١١ : ٣٢

الفصل الثامن عشر
بما يتعلّق بتأكيد النعمة والخلاص

١ - مع أن المرائين وغير المتجدّدين يخدعون أنفسهم بغرور ورجاء وافتراض دنيوي زائف بأنهم ينعمون برضى الله، وحالة الخلاص[١] (وهذا الرجاء ينتهي بالفناء)؛[٢] علاوة على ذلك فالذين يؤمنون بالسيد يسوع، ويحبونه بكل إخلاص، مجتهدين بالسير أمامه بضمير صالح، بإمكانهم في هذه الحياة التأكد أنهم في حالة النعمة،[٣] مبتهجين برجاء مجد الله، الرجاء الذي لن يخزيهم.[٤]

٢ - هذا التوكيد ليس حدساً أو استنتاج إحتمالي مبني على رجاء معرّض للخطأ؛[٥] بل هو تأكيد ثابت للإيمان المؤسس على الحق الإلهي للوعود الخلاصيّة،[٦] والبيّنة الباطنيّة للنعم التي أنتجتها هذه المواعيد[٧] هي شهادة روح التبنّي الذي يشهد لأرواحنا أننا أبناء الله،[٨] ذلك الروح هو عربون وختم ميراثنا ليوم الفداء.[٩]

٣ - إن عصمة التوكيد هذه ليست بالضرورة حصيلة فورية مرتبطة بجوهر الإيمان، فمن الممكن أن ينتظر المؤمن الحقيقي وقتاً طويلاً وهو يواجه التجارب قبل الحصول على التأكيد من خلاصه؛[١٠] علاوة على ذلك، فالروح القدس يخوّل المؤمن لمعرفة الأمور التي وهبها الله له، بدون إعلانات إستثنائية خارقة للطبيعة، بل بطرق عاديّة يمكّنه بها الروح القدس بلوغ التوكيد على الخلاص.[١١] ولهذا يجب على كل مؤمن أن يجتهد جاعلاً دعوته واختياره ثابتين،[١٢] وبذلك يمتلأ قلبه بالسلام وبالفرح والشكر الكثير، فيقوم بواجب الطاعة لله

[١] تثنية ٢٩: ١٩؛ أيوب ٨: ١٣ - ١٤؛ ميخا ٣: ١١؛ يوحنا ٨: ٤١
[٢] متى ٧: ٢٢-٢٣.
[٣] ١ يوحنا ٢: ٣؛ ٣: ١٤، ١٨-١٩، ٢١، ٢٤؛ ٥: ١٣
[٤] رومية ٥: ٢، ٥
[٥] عبرانيين ٦: ١١، ١٩
[٦] عبرانيين ٦: ١٧-١٨
[٧] ٢ كورنثوس ١: ١٢؛ ٢ بطرس ١: ٤-٥، ١٠-١١؛ ١ يوحنا ٢: ٣؛ ٣: ١٤
[٨] رومية ٨: ١٥-١٦
[٩] ٢ كورنثوس ١: ٢١-٢٢؛ أفسس ١: ١٣-١٤، ٤: ٣٠
[١٠] مزمور ٧٧: ١-١٢؛ ٨٨؛ إشعياء ٥٠: ١٠؛ مرقس ٩: ٢٤؛ ١ يوحنا ٥: ١٣
[١١] ١ كورنثوس ٢: ١٢؛ أفسس ٣: ١٧؛ عبرانيين ٦: ١١-١٢؛ ١ يوحنا ٤: ١٣
[١٢] ٢ بطرس ١: ١٠

بقوّة وانشراح[١٣] والثمر الصحيح للتأكيد على الخلاص هو الذي يبعد المؤمن عن الإنجراف لعدم المبالاة.[١٤]

٤- من الممكن أن يتزعزع توكيد الخلاص للمؤمن الحقيقي بطرق متنوعة، وقد ينقص ويعوق؛ بسبب الإهمال في المحافظة عليه، وبالسقوط المفاجئ في خطيّة خاصة فتجرح الضمير وتحزن الروح القدس؛ فيحجب الله نور استحسانه، تاركاً حتى أولئك الذين يخافونه أن يسيروا في الظلام بعيدين عن النور؛[١٥] ومع ذلك فهم ليسوا محرومين تماماً من بذور الله وحياة الإيمان ومحبّة المسيح والإخوة، وصدق القلب وضمير الواجب، والتي منها وبواسطة عمل الروح القدس، ينتعش فيهم الشعور بتأكيد الخلاص في الوقت المعيّن،[١٦] وينتشلون من اليأس المطبق.[١٧]

[١٣] مزمور ٤: ٦-٧؛ ١١٩: ٣٢؛ رومية ٥: ١-٢، ٥؛ ١٤: ١٧؛ ١٥: ١٣؛ أفسس ١: ٣-٤

[١٤] مزمور ١٣٠: ٤؛ رومية ٦: ١-٢؛ ٨: ١، ١٢؛ ٢ كورنثوس ٧: ١؛ تيطس ٢: ١١-١٢، ١٤؛ ١: ٦-٧؛ ٢: ١-٢، ٣: ٢-٣

[١٥] مزمور ٣١: ٢٢؛ ٥١: ٨، ١٢، ١٤؛ ٧٧: ١-١٠؛ ٨٨؛ نشيد الانشاد ٥: ٢، ٣، ٦؛ إشعياء ٥٠: ١٠؛ متى ٢٦: ٦٩-٧٢؛ أفسس ٤: ٣٠، ٣١

[١٦] أيوب ١٣: ١٥؛ مزمور ٥١: ٨، ١٢؛ إشعياء ٥٠: ١٠؛ لوقا ٢٢: ٣٢؛ ١ يوحنا ٣: ٩

[١٧] مزمور ٢٢: ١؛ ٨٨؛ إشعياء ٥٤: ٧-١٠؛ أرمياء ٣٢: ٤٠؛ ميخا ٧: ٧-٩

الفصل التاسع عشر
بما يتعلّق بناموس الله

١ - أعطى الله آدم ناموساً (قبل سقوط آدم وحواء في خطيّة العصيان) يدعى "ناموس الأعمال" كعهد يلزمه مع ذريته بالطاعة الشخصيّة الكاملة والدائمة له واعداً إياه بالحياة في حالة إتمام مطاليبه ومهدّداً بالموت في حال نقضه وزوّده بالقدرة والإمكانيّة للحفاظ على ذلك العهد.[١]

٢ - واستمرّ مفعول هذا الناموس بعد السقوط كقانون كامل للبر. وعلى هذا السياق أعطى الله الناموس على جبل سيناء بالوصايا العشرة مكتوبة على لوحين؛[٢] الأربع الأولى منها تتضمّن واجباتنا من نحوالله؛ والوصايا الست الأخرى تتضمّن واجباتنا نحو البشر.[٣]

٣ - بجانب هذا الناموس والذي يدعى 'بالناموس الأدبي' فقد سرّ الله أن يعطي 'الناموس الطقسي' لأبناء إسرائيل، والذين يمثلون الكنيسة في مرحلتها البدائية. يشمل هذا الناموس أوامر نموذجيّة وجزئيات للعبادة، ورموز تشير إلى المسيح، ونعمته، وعمله، وآلامه والخيرات العتيدة المترتبة عليها.[٤] ويشمل أيضاً واجبات أدبيّة.[٥] وقد بطل عمل كل 'النواميس الطقسيّة' بحلول 'العهد الجديد'.[٦]

٤ - ومنح الله لأبناء إسرائيل أنظمة قضائيّة تحكم دولتهم في ذلك الوقت، فبطل مفعولها ولم تعد تلزم أي إنسان بعد، سوى ما يتعلّق بشكل عام بمبادئ العدل والإنصاف.[٧]

[١] تكوين ١: ٢٦-٢٧؛٢:١٧؛ أيوب ٢٨:٢٨؛ الجامعة ٧: ٢٩؛ رومية ٢: ١٤-١٥؛ ٥:١٢، ١٩؛ ١٠: ٥؛ غلاطية ٣: ١٠، ١٢

[٢] خروج ٣٤: ١؛ تثنية ٥: ٣٢؛ ١٠: ٤؛ رومية ١٣: ٨-٩؛ يعقوب ١: ٢٥؛ ٢: ٨، ١٠-١٢

[٣] متى ٢٢: ٣٧-٤٠

[٤] غلاطية ٩: ١-٣؛ كولوسي ٢: ١٧؛ عبرانيين ٩؛ ١٠: ١

[٥] ١ كورنثوس ٥: ٧؛ ٢كورنثوس ٦: ١٧؛ يهوذا ٢٣

[٦] دانيال ٩: ٢٧؛ أفسس ٢: ١٥-١٦؛ كولوسي ٢: ١٤، ١٦، ١٧

[٧] تكوين ٤٩: ١٠؛ خروج ٢١؛ ٢٢: ١-٢٩؛ متى ٥: ١٧، ٣٨-٣٩؛ ١ كورنثوس ٩: ٨-١٠؛ ١ بطرس ٢: ١٣-١٤

٥- تلزم 'قوانين الله الأدبيّة' كل البشر المبرّرين منهم وغير المبرّرين .[٨] ليس فقط نظراً لمضمونها، ولكن أيضاً إحتراماً لسلطة الله الخالق الذي منحها.[٩] ولم يبطل المسيح في الانجيل هذا الإلتزام بل يشدد على هذا الواجب.[١٠]

٦- مع أن المؤمنين الحقيقيين ليسوا تحت سلطة الناموس والذي يدعى 'عهد الأعمال' ولا يتبرّرون بموجبه أو يدانون بواسطته؛[١١] لكن فائدته كبيرة لهم وللآخرين . فهو كحكم للحياة يطلعهم على إرادة الله وعلى واجباتهم. وبذلك يقودهم ويلزمهم بالسير حسب مشيئة الله.[١٢] فيكشفون دنس طبيعتهم وفساد قلوبهم وحياتهم الخاطئة؛[١٣] وبهذا يتفحّصون ذواتهم ويصلون إلى قناعة أكثر بدينونة الخطيّة فيكرهونها بتواضع ،[١٤] حيث تتوضّح حاجتهم إلى المسيح وطاعته الكاملة.[١٥] وهكذا فالمتجدّد يتعوّد أن يكبح الفساد ويمتنع عن الخطيّة،[١٦] ويتحذّر منها بالنظر إلى ما تستحقه على قدر ما هي مؤلمة في هذه الحياة مع كل توقعاتها، كما يتحرّر من لعنة الناموس وتهديده.[١٧] وبمواعيد الله ينال في تلك الحالة الرضى على طاعته والبركات التي يتوقعها من تأدية مطاليبه،[١٨] مع أنه لا يتوجّب عليه ذلك بحسب ناموس الأعمال.[١٩] فالإنسان الذي يعمل الصلاح ويمتنع عن الخطيّة لأن الناموس يشجّع على ذلك ثم يرتد بسبب الآخرين فليست هناك بيّنة على أنه كان تحت الناموس أو تحت النعمة.[٢٠]

٧- إن إنجاز الأعمال الحسنة والإحجام عن الشر لا يناقض نعمة الإنجيل، بل يذعن لها بالرضى؛[٢١] فروح المسيح تخضع إرادة الإنسان لإنجاز الأعمال الحسنة بحريّة وبهجة لأنه هذه هي إرادة الله المعلنة في الناموس .[٢٢]

[٨] رومية ١٣ : ٨، ٩؛ أفسس ٦ : ٢؛ ١ يوحنا ٢ : ٣-٤
[٩] يعقوب ٢ : ١٠، ١١
[١٠] متى٥ : ١٧ - ١٩ ؛ رومية ٣ : ٣١؛ يعقوب ٢ : ٨
[١١] أعمال ١٣ : ٣٩؛ رومية ٦ : ١٤ ؛ ٨ : ١ ؛ غلاطية ٢ : ١٦؛ ٣ : ١٣؛ ٤ : ٤-٥
[١٢] مزمور ١١٩ : ٤-٦ ؛ رومية ٧ : ١٢، ٢٢، ٢٥؛ ١ كورنثوس ٧ : ١٩ ؛ غلاطية ٥ : ١٤، ١٦، ١٨ - ٢٣
[١٣] رومية ٣ : ٢٠ ؛ ٧ : ٧
[١٤] رومية ٧ : ٩،١٤، ٢٤؛ يعقوب ١ : ٢٣ - ٢٥
[١٥] رومية ٧ : ٢٤؛ ٨ : ٣-٤ ؛ غلاطية ٣ : ٢٤
[١٦] مزمور ١١٩ : ١٠١، ١٠٤، ١٢٨ ؛ يعقوب ٢ : ١١
[١٧] عزرا ٩ : ١٣-١٤ ؛ مزمور ٨٤ : ٣٠- ٣٤
[١٨] لاويين ٢٦ : ١-١٤ ؛ مزمور ١٩ : ١١ ؛ ٣٧ : ١١ ؛ متى ٥ : ٥ ؛ ٢كورنثوس ٦ : ١٦ ؛ أفسس ٦ : ٢-٣
[١٩] لوقا ١٧ : ١٠ ؛ غلاطية ٢ : ١٦
[٢٠] مزمور ٣٤ : ١٢ - ١٦ ؛ رومية ٦ : ١٢، ١٤ ؛ عبرانيين ١٢ : ٢٨ - ٢٩ ؛ ١ بطرس ٣ : ٨- ١٢
[٢١] غلاطية ٣ : ٢١
[٢٢] إرميا ٣١ : ٣٣ ؛ حزقيال ٣٦ : ٢٧ ؛ عبرانيين ٨ : ١٠

الفصل العشرون
بما يتعلّق بحريّة المؤمن وحريّة الضمير

١ - الحريّة التي اشتراها المسيح للمؤمنين والمعلنة في الإنجيل تتضمّن على الحريّة من إثم الخطيّة؛ ومن دينونة غضب الله؛ ومن لعنة الناموس؛[١] بالانعتاق من شر العالم الحاضر؛ من عبودية الشيطان وسلطة الإثم؛[٢] من شر البلوى وشوكة الموت من غلبة القبر ولعنة الهلاك الأبدي.[٣] وأيضاً تشير للدخول إلى محضر الله،[٤] والاستسلام لطاعته، ليس بدافع الخوف من العبودية، لكن كمحبة الابن بطواعيّة الفكر.[٥] كل هذه (النعم) كانت متوفرة للمؤمنين تحت الناموس.[٦] ولكنها توفرت بقدر كبير في العهد الجديد وذلك بالتحرّر من نير الناموس الطقسي والذي خضعت له الكنيسة اليهودية (العهد القديم)[٧] وايضاً فهي تدفع المؤمن للعبور بجرأة عظيمة إلى عرش النعمة،[٨] ولتواصل أكبر مع روح الله يفوق حالة المؤمنين الذين كانوا يخضعون للناس.[٩]

٢ - الله وحده هو سيد الضمير،[١٠] فتركه غير مقيّد بعقائد وسنن البشر والتي هي مغايرة لكلمته أو مقاربة لها في أمور الإيمان والعبادة.[١١] فالإيمان بتلك المعتقدات والسنن أو إطاعتها بحجّة الضمير هو خيانة لحريّة الضمير الحقيقية؛[١٢] إن تلبية المطلب الضمني للإيمان والطاعة المطلقة العمياء له تفسد حريّة الضمير والعقل أيضاً.[١٣]

---

(١) غلاطية٣: ١٣؛ ١تسالونيكي ١: ١٠؛ تيطس ٢: ١٤

(٢) أعمال ٢٦: ١٨؛ رومية ٦: ١٤؛ غلاطية ١: ٤؛ كولوسي ١: ١٣

(٣) مزمور ١١٩: ٧١؛ رومية ٨: ١؛ ٨: ٢٨؛ ١كورنثوس ١٥: ٥٤-٥٧

(٤) رومية ٥: ١-٢

(٥) رومية ٨: ١٤-١٥؛ ١ يوحنا ٤: ١٨

(٦) ١كورنثوس ٥: ٧؛ غلاطية ٣: ٩، ١٤، ١١

(٧) أعمال ١٥: ١٠-١١؛ غلاطية ٤: ١-٣، ٦-٧؛ ٥: ١

(٨) عبرانيين ٤: ١٤، ١٦؛ ١٠: ١٩-٢٢

(٩) يوحنا ٧: ٣٨-٣٩؛ ٢كورنثوس ٣: ١٣، ١٧-١٨

(١٠) رومية ١٤: ٤؛ يعقوب ٤: ١٢

(١١) متى ١٥: ٩، ٢٣: ٨-١٠، أعمال ٤: ١٩؛ ٥: ٢٩؛ ١ كورنثوس ٧: ٢٣؛ ٢ كورنثوس ٢: ٢٤

(١٢) غلاطية ١: ١٠؛ ٢: ٤-٥؛ ٥: ١؛ كولوسي ٢: ٢٠، ٢٢-٢٣

(١٣) إشعياء ٨: ٢٠؛ إرمياء ٨: ٩؛ هوشع ٥: ١١؛ يوحنا ٤: ٢٢؛ أعمال ١٧: ١١؛ رومية ١٠: ١٧؛ ١٤: ٢٣؛ رؤية ١٣: ١٢، ١٦-١٧

٣- إن أولئك الذين يتذرّعون بالحريّة المسيحيّة، فيمارسون أية خطيّة أو يراعون أية شهوة هم بهذا يدمرون غاية الحريّة المسيحية التي كانوا قد تحرّروا بها من أيدي العدو. فنحن يجب أن نعبد الله بدون خوف سالكين بقداسة وبر أمامه كل أيام حياتنا.[١٤]

٤- وبسبب تعيين الله للسلطات (الحكومات البشرية) وبسبب الحريّة التي ضمنها المسيح (بعمله الغفاري)، فإن الله لا يقصد أن يبيد، بل يعضد ويحفظ العلاقات المشتركة (بين الافراد والسلطة). فكل شخص يعارض السلطات الحكوميّة والكنسيّة فهو يعارض أحكام الله.[١٥] فنشر أي أفكار أو ممارسة أي أعمال مناوئة لنور الله المعلن في الطبيعة، أو للمبادئ المعلنة في المسيحية (سواء المتعلّقة بالإيمان، العبادة، المكالامات) أو لحكم التقوى؛ فنشر وممارسة هذه الآراء هي خاطئة بطبيعتها وهدّامة للسلام العام والترتيب الذي أسسه المسيح في الكنيسة. فأولئك يقعون تحت الحساب.[١٦]

[١٤] لوقا ١: ٧٤-٧٥ ؛ يوحنا ٨: ٣٤؛ غلاطية ٥: ١٣؛ ١ بطرس ٢: ١٦؛ ٢ بطرس ٢: ١٩

[١٥] متى ١٢: ٢٥؛ رومية ١٣: ١-٨ ؛ عبرانيين ١٣: ١٧؛ ١ بطرس ٢: ١٣-١٤، ١٦

[١٦] متى ١٨: ١٥-١٧؛ رومية ١: ٣٢؛ ١ كورنثوس ٥: ١، ٥، ١١، ١٣؛ ٢ تسالونيكي ٣: ١٤؛ ١ تيموثاوس ١: ١٩-٢٠؛ ٦: ٣-٥ ؛ تيطس ١: ١٠-١١، ١٣؛ ٣: ١٠؛ رؤية ٢: ٢، ١٤-١٥، ٢٠؛ ٣: ٩

الفصل الحادي والعشرون
بما يتعلّق بالعبادة الدينيّة ويوم السبت (يوم الأحد)

١ - يشير نور الطبيعة إلى وجود الله، الذي يمتلك السيادة والسلطة فوق كل شيء، وهو فاضل ومحسن للكل. ولذلك يجب مخافته، محبّته، تسبيحه، إعلاء إسمه، الثقة به، وخدمته من كل القلب والنفس والقدرة.(١) ولكن الطريقة المقبولة لعبادة الله الحقيقي هي مؤسسة من الله، وهي مقصورة على إرادته المعلنة، لتجنّب أية عبادة مرتكزة على خيالات وابتكارات البشر، أو من وسوسة الشيطان، أو مزاعم ظاهرة أو أية طريقة أخرى لا يفرضها الكتاب المقدّس.(٢)

٢- يجب تقديم العبادة الدينية لله فقط: الآب، الإبن، والروح القدس؛(٣) ليس للملائكة ولا للقديسين أو أي مخلوق آخر؛(٤) فالعبادة الدينيّة منذ السقوط ليست بلا وسيط، وهذا الوسيط هو المسيح وحده.(٥)

٣- الصلاة مع الشكر هما فرض من الله وجزء خاص من العبادة الدينية،(٦) التي يطلبها الله من كل شخص.(٧) ولقبولها، يجب أن تقدّم باسم الإبن(٨) وبواسطة الروح القدس،(٩) وحسب مشيئته،(١٠) (فيجب تقديمها) بإدراك، بوقار، بتواضع، بانكسار، بإيمان، بمحبّة، بمثابرة(١١)، بمجاهرة وبلغة مفهومة.(١٢)

٤- يجب تقديم الصلاة من أجل الأمور المستحقّة؛(١٣) ولأجل كل البشر الأحياء والذين سوف يحيون (الذين ما زالوا في بطن أمهاتهم)؛(١٤) ولكن ليس لأجل الأموات(١٥) ولا لأجل أولئك المعروف أنهم إقترفوا خطيّة مؤديّة لهلاكهم.(١٦)

(١) يشوع ٢٤: ١٤؛ مزمور ١٨: ٣؛ ٣١: ٢٣؛ ٦٢: ٨؛ ١١٩: ٦٨؛ إرميا ١٠: ٧؛ مرقس ١٢: ٣٣؛ أعمال ١٧: ٢٤؛ رومية ١: ٢٠؛ ١٠: ١٢

(٢) خروج ٢٠: ٤-٦؛ تثنية ١٢: ٣٢؛ ١٥: ١-٢٠؛ متى ٩:٩-١٠؛ ١٥: ٩؛ أعمال ١٧: ٢٥؛ كولوسي ٢: ٢٣

(٣) متى ٤: ١٠؛ يوحنا ٥: ٢٣؛ ٢ كورنثوس ١٣: ١٤

(٤) رومية ١: ٢٥؛ كولوسي ٢: ١٨؛ رؤيا ١٩: ١٠

(٥) يوحنا ١٤: ٦؛ أفسس ٢: ١٨؛ كولوسي ٣: ١٧؛ ١ تيموثاوس ٢: ٥

(٦) فيليبي ٤: ٦

(٧) مزمور ٦٥: ٢

(٨) يوحنا ١٤: ١٣-١٤؛ ١ بطرس ٢: ٥

(٩) رومية ٨: ٢٦

(١٠) ١ يوحنا ٥: ١٤

(١١) تكوين ١٨: ٢٧؛ مزمور ٤٧: ٧؛ الجامعة ٥: ١-٢؛ متى ٦: ١٢، ١٤-١٥؛ مرقس ١١: ٢٤؛ أفسس ٦: ١٨؛ كولوسي ٤: ٢؛ عبرانيين ١٢: ٨-٢؛ يعقوب ١: ٦-٧؛ ٥: ١٦

(١٢) ١ كورنثوس ١٤: ١٤

(١٣) ١ يوحنا ٥: ١٤

(١٤) راعوث ٤: ١٢؛ ٢ صاموئيل ٧: ٢٩؛ يوحنا ١٧: ٢٠؛ ١ تيموثاوس ٢: ١-٢

(١٥) ٢ صاموئيل ١٢: ٢١-٢٣؛ لوقا ١٦: ٢٥-٢٦؛ رؤيا ١٤: ١٣

(١٦) ١ يوحنا ٥: ١٦

٥- كل الممارسات التالية هي جزء اعتيادي من العبادة الدينيّة لله: قراءة الكتاب المقدّس بتقوى ومخافة.[١٧] الوعظ السليم[١٨] والسماع الواعي للكلمة بطاعة الله وبإدراك وإيمان وورع،[١٩] ترتيل المزامير بقلب مملوء بالنعمة؛[٢٠] تأدية الأسرار المقدسة التي أسسها المسيح، كل هذه أجزاء من عبادة الله.[٢١] وتضاف إلى ذلك ممارسات القسم الديني،[٢٢] النذور،[٢٣] الصيام المقدّس،[٢٤] وتقديم الشكر بمناسبات وأوقات مختلفة،[٢٥] فتمارس كلها بقداسة الشعائر الدينية.[٢٦]

٦- لا ترتبط الصلاة أو أي جزء من العبادة بحسب تعليم الإنجيل بمكان معيّن أو إتجاه خاص ولا تصبح مقبولة أكثر بحكم ذلك.[٢٧] فعبادة الله يمكن أن تمارس في أي مكان،[٢٨] بالروح والحق؛[٢٩] كالعبادة العائلية[٣٠] اليوميّة[٣١] وممارسة العبادة باختلاء شخصي؛[٣٢] وأيضاً بوقار أكبر في 'العبادة الجمهورية' والتي يجب عدم إهمالها أو التخلي عنها لأن ذلك هو بحسب كلمة الله ومن تدبير عنايته.[٣٣]

٧- كما أن ناموس الطبيعي شامل فقد أوجب تخصيص وقت يثبّت لأجل عبادة الله بمقتضى كلمته القطعيّة ووصاياه الأدبيّة السرمديّة المفروضة على كل الناس في جميع الأجيال. وقد أفرد يوماً واحدا من سبعة أيام هو "سبت العبادة"، لحفظه يوماً مقدساً للرب؛[٣٤] فمنذ بداية العالم حتى قيامة المسيح كان هذا اليوم هو آخر أيام الأسبوع؛ ومنذ القيامة تبدّل هذا اليوم إلى أول أيام الأسبوع،[٣٥] وهو الذي دعي في كلمة الله، "يوم الرب"[٣٦] ويستمر إلى نهاية العالم باسم "السبت المسيحي"[٣٧] (يوم الأحد).

٨- ويجب حفظ يوم العبادة كيوم مقدّس للرب، فيستعد له المؤمن بملء قلبه، ويرتب شؤونه العامة استعداداً للعبادة، ليس فقط الراحة التامة طوال اليوم من العمل والتفكير الذهني المتعلّق بالأعمال الدنيويّة والاستجمام،[٣٨] بل الانشغال التام في العبادة الجمهورية والعبادة الخاصّة والقيام بالواجبات الضرورية وأعمال الرحمة.[٣٩]

(١٧) أعمال ١٥ : ٢١؛ رؤيا ١ : ٣
(١٨) ٢ تيموثاوس ٤ : ٢
(١٩) أشعياء ٦٦ : ٢؛ متى ١٣ :١٩؛ أعمال ١٠ : ٣٣؛ عبرانيين ٤ : ٢؛ يعقوب ١ : ٢٢
(٢٠) أفسس ٥ : ١٩؛ كولوسي ٣ : ١٦؛ يعقوب ٥ : ١٣
(٢١) متى ٢٨ : ١٩؛ أعمال ٢ : ٤٢؛ ١ كورنثوس ١١ :٢٣ - ٢٩
(٢٢) تثنية ٦ : ١٣؛ نحميا ١٠ : ٢٩
(٢٣) الجامعة ٥ : ٤ - ٥؛ أشعياء ١٩ : ٢١
(٢٤) أستير ٤ : ١٦؛ يوئيل ٢ : ١٢؛ متى ٩ : ١٥؛ ١ كورنثوس ٧ : ٥
(٢٥) أستير ٩ : ٢٢؛ مزمور ١٠٧
(٢٦) عبرانيين ١٢ : ٢٨
(٢٧) يوحنا ٤ : ٢١
(٢٨) ملاخي ١ : ١١؛ ١ تيموثاوس ٢ : ٨
(٢٩) يوحنا ٤ : ٢٣ - ٢٤
(٣٠) تثنية ٦ : ٦-٧؛ ٢ صاموئيل ٦ : ١٨، ٢٠؛ أيوب ١ : ٥؛ أرميا ١٠ : ٢٥؛ أعمال ١٠ : ٢؛ ١ بطرس٣ : ٧
(٣١) متى ٦ : ١١
(٣٢) متى ٦ : ٦؛ أفسس ٦ : ١٨
(٣٣) أمثال ١ : ٢٠-٢١، ٢٤؛ ٨ : ٣٤؛ أشعياء ٥٦ : ٦-٧؛ لوقا ٤ : ١٦؛ أعمال ٢ : ٤٢؛ ١٣ : ٤٢
(٣٤) خروج ٢٠ :٨، ١٠ - ١١؛ إشعياء ٥٦ : ٢، ٤، ٦-٧
(٣٥) تكوين ٢ :٢-٣؛ أعمال ٢٠ :٧؛ ١كورنثوس ١٦ : ١
(٣٦) رؤيا ١ : ١٠
(٣٧) خروج ٢٠ : ٨، ١٠؛ متى ٥ :١٧ -١٨
(٣٨) خروج ١٦ : ٢٣، ٢٥ - ٢٦، ٢٩ - ٣٠؛ ٢٠ : ٨؛ ٣١ : ١٥ - ١٧؛ نحميا ١٣ : ١٥ - ١٩، ٢١ - ٢٢
(٣٩) أشعياء ٥٨ : ١٣؛ متى ١٢ : ١ - ١٣

الفصل الثاني والعشرون
بما يتعلّق بالأقسام القانونيّة والنذور

١ - القسم القانوني هو جزء من العبادة، [١] ففي بعض المناسبات يمكن أن يقسم المرء قسماً مقدساً أمام الله على أمر يجزم أو يتعهّد به فيحكم عليه بحسب حقيقة أفعاله أو زوره وبهتانه. [٢]

٢ - إسم الله هو الاسم الوحيد الذي يجب على الفرد أن يقسم به، فيجب استعماله بمخافة وقدسية وورع. [٣] وعلى ذلك، فإن أقسم باطلاً، أو تهوراً باسم الله المجيد والمهيب، أو اقسم بأي شيء آخر فذلك خطيّة يجب الاشمئزاز منها. [٤] ومع ذلك فإن القسم هو أمر مسوغ به في العهد الجديد والقديم؛ [٥] فلذلك (وضمن مبادئ كلمة الله) يجب إداء القسم الذي تفرضه الحكومات قانوناً أثناء التقاضي. [٦]

٣ على كل من يقسم أن يأخذ بعين الإعتبار أهميّة وقدسيّة ذلك الفعل وبذلك يعلن ما هو متأكد منه فقط بأنه كامل الحق. فلا يقيدنّ أحد نفسه بقسم لأجل أي شيء بل لكل ما هو صالح وحق والذي يثق بأنه هكذا وأنه يمكنه الوفاء به. [٨-٩]

٤ - يجب إداء القسم ببساطة اللغة والإبتعاد عن المواربة في الكلام أو الإضمار الفكري. [١٠] ويجب أن لا يؤدّي إلى إرتكاب الخطيّة، فيلزم صاحبه بتأديته حتى إذا أدّى إلى ضرره الشخصي [١١] ويجب عدم إنتهاك هذا المبدأ ولو كان القسم يتعلّق بغير المؤمنين أو الهراطقة. [١٢]

٥ - النذر هو بمثابة قسم تعهدي يجب إداؤه بنفس الإحتراس الديني ويجب أداؤه بأمانة. [١٣]

[١] تثنية ١٠ : ٢٠

[٢] خروج ٢٠ : ٧؛ لاويين ١٩ : ١٢؛ ٢ كورنثوس ١ : ٢٣؛ ٦ : ٢٢ - ٢٣

[٣] تثنية ٦ : ١٣

[٤] خروج ٢٠ : ٧ ؛ أرميا ٥ : ٧ ؛ متى ٥ : ٣٤، ٣٧؛ يعقوب ٥ : ١٢

[٥] إشعياء ٦٥ : ١٦ ؛ ٢ كورنثوس ١ : ٢٣ ؛ عبرانيين ٦ : ١٦

[٦] ١ ملوك ٨ : ٣١ ؛ عزرا ١٠ : ٥؛ نحميا ١٣ : ٢٥

[٧] خروج ٢٠ : ٧ ؛ أرميا ٤ : ٢

[٨-٩] تكوين ٢٤ : ٢-٣، ٥-٦، ٨-٩

[١٠] مزمور ٢٤ : ٤ ؛ أرميا ٤ : ٢

[١١] ١ صموئيل ٢٥ : ٢٢، ٣٢-٣٤؛ مزمور ١٥ : ٤

[١٢] يشوع ٩ : ١٨ - ١٩ ؛ ٢ صموئيل ٢١ : ١؛ حزقيال ١٧ : ١٦، ١٨ - ١٩

[١٣] مزمور ٦١ : ٨؛ ٦٦ : ١٣-١٤ ؛ الجامعة ٥ : ٤-٦؛ أشعياء ١٩ : ٢١

٦- يجب عدم إداء النذر لأي مخلوق، بل لله وحده؛[١٤] ولكي يكون مقبولاً ينبغي تأدية النذر بصورة إختيارية، نابعة من الإيمان وواجب الضمير وبنهج الشكر للرحمة التي وهبها (الله) في الحصول على الحاجة، فنلزم أنفسنا بالواجب الذي من شأنه أن يخدم النتيجة المرجوّة.[١٥]

٧- لا يجوز لأي شخص أن ينذر للعمل بأي شيء محضور أو يعيق أي واجب مأمور به في كلمة الله، أو يتعهّد بشيء يفوق طاقته أو إمكانية الوفاء به لأنه لا يملك قدرة أو وعداً من الله.[١٦] وبناء على ذلك، فإن نذور الرهبنة في ديمومة العزوبيّة، والتقشف، والطوعيّة هي بعيدة عن درجة الكمال السامي، بل هي خرافات مبنيّة على التخوّف وتوقع في فخ الخطيّة، فلا يجوز على أي مؤمن أن يوقع نفسه في شركها.[١٧]

[١٤] مزمور ٧٦: ١١؛ أرمياء ٤٤: ٢٥ - ٢٦
[١٥] تكوين ٢٨: ٢٠ - ٢٢؛ تثنية ٢٣: ٢١ - ٢٣؛ ١ صموئيل ١: ١١؛ مزمور ٥٤: ١٤؛ ٦٦: ١٣-١٤؛ ١٣٢: ٢-٥
[١٦] العدد ٣٠: ٥، ٨، ١٢-١٣؛ مرقس ٦: ٢٦؛ أعمال ٢٣: ١٢، ١٤
[١٧] متى ١٩: ١١ - ١٢؛ ١ كورنثوس ٧: ٢، ٩؛ ٧: ٢٣؛ أفسس ٤: ٢٨؛ ١ بطرس ٤: ٢

الفصل الثالث والعشرون
بما يتعلّق بالسلطة المدنيّة

١ - عيّن الله -رب وملك العالمين المطلق، السلطات المدنيّة لتكون تحت سلطته لتحكم الشعب لإعلان مجده وتوفير الخير للجميع. ومن أجل هذا الهدف منح السلطات السيف للدفاع عن الصالحين وتشجيعهم، وأيضاً لمعاقبة فاعلي الإثم.[١]

٢ - يحق للمؤمن أن يعتلي منصب السلطة حين يشعر بالدعوى لها؛[٢] فيدبّر أمورها بحيث يحافظ على التقوى والعدل والسلام بحسب القانون الشرعي والسليم للدولة[٣] وضمن هذا الإطار وبحسب مضمون 'العهد الجديد' بالإمكان شنّ حرب ترتكز على أسس عادلة وتحت ظروف ضرورية.[٤]

٣ - لا يحق للسلطة المدنيّة توليّ إدارة الوعظ الكنسي وممارسة القرابين المقدّسة؛[٥] أو التصرّف بمفاتيح المملكة السماوية؛[٦] ولا بأي شكل يعطّل الأمور الدينيّة.[٧] ومع ذلك، فكون السلطة تتعهّد بالرعاية الأبوية، فإن واجبها كسلطة مدنيّة أن تحمي كنيسة الرب، بدون إعطاء أي طائفة تمييزاً عن طائفة أخرى، وبهذه الكيفية يتمتع كل الأعضاء الكنسيين بالحريّة الكاملة وبدون أية موانع لتسديد واجباتهم الدينية بدون أي عنف أو خطر.[٨] وكون يسوع المسيح هو الذي عيّن إدارة ومحكمة في كنيسته، فلا يجوز لأي قانون في الدولة أن يعارض أو يعيق ممارسة هذه الواجبات من قبل أي عضو تسمي بصورة إختيارية إلى أي طائفة مسيحية حسب شهاداتهم واعتقادهم[٩] من واجب السلطة المدنيّة أن تحمي سمعة كل شخص بطريقة فعاّلة بحيث لا يسمح لأي إنسان تحت أي إدعاء ديني أو إنكاره أن يمس بكرامة أي شخص آخر أو يسيء إليه أو يصيبه بأذيّة: وبناء على ذلك فواجب السلطة المدنيّة أن ترتب لحماية كل التجمعات الدينيّة والكنسيّة بدون أي مضايقة أو تعكير.[١٠]

[١] رومية ١٣: ١-٤؛ ١ بطرس ٢: ١٣-١٤

[٢] أمثال ٨: ١٥-١٦؛ رومية ١٣: ١-٢، ٤

[٣] ٢صموئيل ٢٣: ٣؛ مزمور ٢: ١٠-١٢؛ ٨٢: ٣-٤؛ ١ تيموثاوس ٢: ٢؛ ١ بطرس ٢: ١٣

[٤] متى ٨: ٩-١٠؛ لوقا ٣: ١٤؛ أعمال ١٠: ١-٢؛ رومية ١٣: ٤؛ رؤيا ١٧: ١٤، ١٦

[٥] ٢ أخبار الأيام ٢٦: ١٨

[٦] متى ١٦: ١٩؛ ١٨: ١٧؛ رومية ١٠: ١٥؛ ١ كورنثوس ٤: ١-٢؛ ١٢: ٢٨-٢٩؛ أفسس ٤: ١١-١٢؛ عبرانيين ٥:٤

[٧] يوحنا ١٨: ٣٦؛ أعمال ٥: ٢٩؛ أفسس ٤: ١١-١٢

[٨] إشعياء ٤٩: ٢٣؛ رومية ١٣: ١-٦

[٩] مزمور ١٠٥: ١١٥؛ أعمال ١٨: ١٤-١٥

[١٠] رومية ١٣: ٤؛ ١ تيموثاوس ٢: ٢

٤ - من واجب الشعب أن يصلي من أجل السلطات،[١١] وإكرامها[١٢] والإشادة بذكرها،[١٣] وإطاعة أوامرها المشروعة والإذعان لسلطتها من أجل خاطر الضمير.[١٤] وإن أية إختلافات دينية أو أي جحود أو خيانة لا تبطل شرعية الدولة وعدلها القانوني، ولا تجيز لأي شخص رفض الخضوع للدولة؛[١٥] فلا يحسم أي شخص كنسي من هذا الواجب،[١٦] ولا يحق للبابا أن تفوق سلطته فوق حكم الدولة أو شعبهم، ولا يحق له أن ينزع من أي شخص سلطانه الشخصي، أو حياته في حالة حكمه عليه بالهرطقة أو أي إدعاء آخر.[١٧]

[١١] ١ تيموثاوس ٢ : ١-٢
[١٢] ١ بطرس ٢ : ١٧
[١٣] رومية ١٣ : ٦-٧
[١٤] رومية ١٣ : ٥؛ تيطس ٣ : ١
[١٥] ١ بطرس ٢ : ١٣-١٤، ١٦
[١٦] ١ ملوك ٢ : ٣٥؛ أعمال ٢٥ : ٩-١١؛ رومية ١٣ : ١؛ ٢ بطرس ٢ : ١، ١٠-١١؛ يهوذا ٨-١١
[١٧] ٢ تسالونيكي ٢ : ٤؛ رؤيا ١٣ : ١٥-١٧

الفصل الرابع والعشرون
بما يتعلق بالزواج والطلاق

١ - الزواج هو إقتران بين رجل وامرأة: لا يحق للرجل قانونياً أن يتزوّج أكثر من إمرأة واحدة، ولا يحق للمرأة أن تتزوّج أكثر من رجل واحد في نفس الوقت.[١]

٢ - تعيّن الزواج من أجل التعاون المتبادل بين الزوج والزوجة،[٢] من أجل إنجاب وزيادة الجنس البشري بنسل مشروع وذريّة مقدسة للكنيسة؛[٣] من أجل منع حدوث الدنس.[٤]

٣ - يحق لكل أجناس البشر أن يتزوجوا بعد التفحّص في صواب الرأي ورضى الطرف الآخر.[٥] وعلاوة على ذلك، فواجب المؤمن أن يتزوّج 'في الرب'.[٦] وأيضاً يتوجّب على المؤمن أن لا يتزوّج بالكافر أو الوثني، ويجب على المؤمن أن لا يتزوّج "تحت نير مع غير المؤمنين" أو أولئك اللذين يدافعون عن مذاهب محكوم عليها بالهرطقة.[٧]

٤ - يجب أن لا يحصل أي زواج تحرّمه كلمة الرب بين أقرباء أو أفراد عائلة.[٨] ولا يحق أن يحصل زواج رهقي (بين أقرباء أو أفراد عائلة) بناء على أي قانون أو إجماع من الأفراد بحجّة العيش المشترك كزوج وزوجة.[٩]

٥ - إن الزنى أو الفسق الذي أكتشف قبل عقد الزواج ، يعطي الفرصة للطرف البريء أن ينحل من ذلك العقد.[١٠] وفي حالة الزنى بعد الزواج فإنه بحسب القانون يعطي الطرف البريء الحق بأن يقيم دعوى الطلاق،[١١] وله بعد أن يطلّق، أن يتزوّج ثانيةً بحيث يعتبر الطرف المدان كأنه قد مات.[١٢]

٦ - بالرغم أن فساد الإنسان يبعثه على ابتداع حججٍ غير ملائمة لفك عقد القران الذي جمع به الله الزوج والزوجة: لكن لا يوجد أي سبب شرعي للطلاق سوى في حالة الزنى أو الهجرة الكاملة، وبعد إخفاق الكنيسة أو السلطات المدنيّة في مصالحة الطرفين.[١٣] وفي هذه الحالة يجب فك عقد الزواج أمام شهود وبطريقة منظمة، وبذلك لا يترك الأطراف المعنيون لحل المشكلة بأنفسهم وبتميزهم الخاص.[١٤]

[١] تكوين ٢: ٢٤؛ أمثال ٢: ١٧؛ متى ١٩: ٥-٦
[٢] تكوين ٢: ١٨
[٣] ملاخي ٢: ١٥
[٤] ١ كورنثوس ٧: ٢،٩
[٥] ١ كورنثوس ٧: ٣٦ - ٣٨؛ ١ تيموثاوس ٤:٣؛ عبرانيين ١٣: ٤
[٦] ١ كورنثوس ٧: ٣٩
[٧] تكوين ٣٤: ١٤؛ خروج ٣٤: ١٦؛ تثنية ٧: ٣-٤؛ ١ ملوك ١١: ٤؛ نحميا ١٣: ٢٥ - ٢٧؛ ملاخي ٢: ١١ - ١٢؛ ٢ كورنثوس ٦: ١٤
[٨] لاويين ١٨؛ عاموس ٢: ٧؛ ١كورنثوس ٥: ١
[٩] لاويين ١٨: ٢٤-٢٨؛ مرقس ٦: ١٨
[١٠] متى ١: ١٨ - ٢٠
[١١] متى ٥: ٣١ - ٣٢
[١٢] متى ١٩: ٩؛ رومية ٧: ٢-٣
[١٣] متى ١٩: ٨-٩، ١٩: ٦؛ ١ كورنثوس ٧: ١٥
[١٤] تثنية ٢٤: ١-٤

الفصل الخامس والعشرون
بما يتعلّق بالكنيسة

١ -الكنيسة الكونية الجامعة غير المرئية تتألف من كل المختارين في الماضي والحاضر والذين سوف يتحدون برباط واحد تحت سلطة المسيح الذي هو رأس الكنيسة، وعريسها، وجسدها، وكمالها الذي به يملأ كل شيء وبكل الطرق.[١]

٢ - الكنيسة المرئية هي أيضاً كونية جامعة حسب الإنجيل (لا تقتصر على أمة واحدة، كما كان الحال في عهد الناموس) فهي تتألف من كل أولئك المنتشرين في كل الأرض والذين يشهدون للديانة الحقة؛[٢] وتضم أيضاً أطفالهم؛[٣] فهي مملكة الرب يسوع المسيح،[٤] وبيت وعائلة الرب،[٥] وبدونها لا يوجد أي طريقة عاديّة للخلاص.[٦]

٣ - منح المسيح لهذه الكنيسة المرئية خدمة الكلمة وأسرار النعمة الكنسيّة، من أجل جمع وتلمذة القديسين (المؤمنين) في هذه الحياة، حتى نهاية العالم؛ وبواسطة حضور المسيح والروح القدس، ومن أجل وعوده، فهو يجعل هذه الخدمات فعّالة للقديسين (المؤمنين به).[٧]

٤ - هذه الكنيسة الجامعة كانت أحياناً أكثر أو أقل ظهوراً.[٨] والكنائس المحليّة التي هي جزء منها صارت في بعض الأحيان أكثر أو أقل طهارة نظراً للبعد الذي مارست فيه تعليم الإنجيل واعتناقه؛ وممارسة الأسرار الكنسية، والعبادة الجمهورية.[٩]

٥ - إن أنقى الكنائس تحت السماء تتعرّض كلها للخلط والخطأ،[١٠] وبعضها تفسخت كأنها ليست كنائس للمسيح بل مجمع الشيطان.[١١] ومع ذلك فلا بدّ من أن توجد دائماً على الأرض كنيسة تعبد الله وفقاً لمشيئته.[١٢]

٦ - لا يوجد أي راس للكنيسة سوى الرب يسوع المسيح.[١٣] ولا يمكن للبابا في روما أن يكون رئيساً للكنيسة بأي معنى.[١٤]

---

(١) أفسس ١ : ١٠، ٢٢-٢٣؛ ٥: ٢٣، ٢٧، ٣٢؛ كولوسي ١ :١٨

(٢) مزمور ٢ : ٨؛ رومية ١٥ : ٩-١٢؛ ١ كورنثوس ١ : ٢؛ ١٢ : ١٢-١٣؛ رؤية ٧ : ٩

(٣) تكوين ٣ : ١٥؛ ١٧ : ٧؛ حزقيال ١٦ : ٢٠-٢١؛ اعمال ٢ : ٣٩؛ رومية ١١ : ١٦؛ ١كورنثوس ٧: ١٤

(٤) إشعياء ٩: ٧؛ متى ١٣ : ٤٧

(٥) أفسس ٢ : ١٩؛ ٣: ١٥

(٦) أعمال ٢ : ٤٧

(٧) إشعياء ٥٩: ٢١؛ متى ٢٨: ١٩ -٢٠؛ ١ كورنثوس ١٢ : ٢٨؛ أفسس ٤: ١١ - ١٣

(٨) رومية ١١ : ٣-٤؛ رؤية ١٢ : ٦، ١٤

(٩) ١ كورنثوس ٥: ٦-٧ ؛ رؤية ٢، ٣

(١٠) متى ١٣ : ٢٤ - ٣٠، ٤٧؛ ١ كورنثوس ١٣ : ١٢؛ رؤية ٢، ٣

(١١) رومية ١١ : ١٨ - ٢٢؛ رؤية ١٨ : ٢

(١٢) مزمور ٧٢: ١٧؛ ١٠٢ : ٢٨؛ متى ١٦ : ١٨؛ ٢٨: ١٩ -٢٠

(١٣) أفسس ١ : ٢٢؛ كولوسي ١ : ١٨

(١٤) متى ٢٣ : ٨-١٠؛ ٢ تسالونيكي ٢: ٣-٤، ٨-٩؛ رؤية ١٣ : ٦

الفصل السادس والعشرون
بما يتعلّق بشركة القديسين

١ - إن القديسين الذين اتحدوا برأسهم المسيح، بروحه القدوس وبالإيمان هم شركاء معه في نعمته، بآلامه وموته وقيامته ومجده،[١] فقد إتحد أحدهم مع الآخر بالمحبّة واشترك بعضهم مع بعض بالمواهب والنعم الإلهية،[٢] وقد إلتزموا بتأدية الواجبات الجماعيّة والفرديّة والمساهمة المعنويّة الصالحة المؤيدة إلى البناء (الروحي) الداخلي والخارجي لكل فرد.[٣]

٢ - هؤلاء المعترف لهم بأنهم قديسون ملزمون بأن يحافظوا على الألفة المقدسة والإشتراك في عبادة الله، وتأدية الخدمات الروحية متوجّهين قدماً بالإستنارة المشتركة،[٤] فيعيّن أحدهم الآخر في الأمور المادية حسب إمكانياتهم واحتياجاتهم المختلفة، والله يهيء الفرص لهذه الشركة كي تمتد إلى كل الذين يدعون باسم يسوع في كل مكان.[٥]

٣ - هذه الشركة التي للقديسين مع المسيح لا تجعلهم شركاء معه في جوهر لاهوته أو مساويين له في الإكرام بأي شكل. والذين يحاولون إثبات شيء كهذا هم يحقّرون الرب ويجدفون عليه،[٦] وإن شركتهم مع بعضهم البعض كقديسين تجب أن لا تلاشي وأن لا تنقص من الملكيّة الفرديّة لأي سلع أو ممتلكات.[٧]

---

[١] يوحنا ١ : ١٦ ؛ رومية ٦ : ٥-٦ ؛ أفسس ٢ : ٥-٦ ؛ ٣ : ١٦ - ١٩ ؛ فيليبي ٣ : ١٠ ؛ ٢ تيموثاوس ٢ : ١٢ ؛ ١ يوحنا ١ : ٣

[٢] ١ كورنثوس ٣ : ٢١-٢٣ ؛ ١٢ : ٧ ؛ أفسس ٤ : ١٥ - ١٦ ؛ كولوسي ٢ : ١٩

[٣] رومية ١ : ١١ - ١٢ ، ١٤ ؛ غلاطية ٦ : ١٠ ؛ ١ تسالونيكي ٥ : ١١ ، ١٤ ؛ ١ يوحنا ٣ : ١٦ - ١٨

[٤] إشعياء ٢ : ٣ ؛ أعمال ٢ : ٤٢ - ٤٦ ؛ ١ كورنثوس ١١ : ٢٠ ؛ عبرانيين ١٠ : ٢٤ - ٢٥

[٥] أعمال ٢ : ٤٤ - ٤٥ ؛ ١١ : ٢٩ -٣٠ ؛ ٢ كورنثوس ٨، ٩ ؛ ١ يوحنا ٣ : ١٧

[٦] مزمور ٤٥ : ٧ ؛ إشعياء ٤٢ : ٨ ؛ ١ كورنثوس ٨ : ٦ ؛ كولوسي ١ : ١٨ - ١٩ ؛ ١ تيموثاوس ٦ : ١٥ - ١٦ ؛ عبرانيين ١ : ٨ - ٩

[٧] خروج ٢٠ : ١٥ ؛ أعمال ٥ : ٤ ؛ أفسس ٤ : ٢٨

الفصل السابع والعشرون
الأسرار المقدّسة

١ - الأسرار هي الرموز المقدّسة وأختام عهد النعمة،[١] وقد شرّعها الله مباشرة منه [٢] للدلالة على المسيح ومعوناته لنا؛ وتقرّ الخير الذي لنا فيه[٣]؛ وأيضاً لكي تبيّن الفرق الظاهر بين أولئك المنتمين للكنيسة وبين باقي الناس.[٤] ولكي تجمع المؤمنين لعبادة الله في المسيح بكل قداسة وبموجب كلمته.[٥]

٢ - يوجد لكل سر علاقة مميّزة أو شركة روحيّة بين الرمز والشيء الذي يشير إليه وهكذا، فأسماء الرموز ومفعولها تنطبق على المرموز إليه.[٦]

٣ - النعمة الظاهرة في الأسرار أو بواسطتها لا تكتسب قدسيتها ومفعولها من الرمز وليست فعاليتها معتمدة على صلاح الخادم الذي يمنحها[٧]؛ بل على عمل الروح وكلمات مؤسسها[٨] فهما يتضمنان معاً مبدأ إقرار استخدامها والوعد بالنفع لأولئك المؤهلين للحصول عليها.[٩]

٤ - يوجد سرّان فقط رسّخهما المسيح يسوع ربنا في الإنجيل واللذان هما: المعموديّة والعشاء الرباني. ولا أحد يقدر أن يقيم غيرهما سوى خادم الكلمة المرسوم بشرعيّة.[١٠]

٥ - وبذلك فالأسرار في العهد القديم نظراً لروحانيّة الأمور التي ترمز إليها فقد أظهرت نفس جوهر تلك التي في 'العهد الجديد'.[١١]

[١] تكوين ١٧: ٧، ١٠؛ رومية ٤: ١١
[٢] متى ٢٨: ١٩؛ ١ كورنثوس ١١: ٢٣
[٣] ١ كورنثوس ١٠: ١٦؛ ١١: ٢٥ - ٢٦؛ غلاطية ٣: ١٧؛ ٣: ٢٧
[٤] تكوين ٣٤: ١٤؛ خروج ١٢: ٤٨؛ رومية ١٥: ٨
[٥] رومية ٦: ٣-٤؛ ١ كورنثوس ١٠: ١٦، ٢١
[٦] تكوين ١٧: ١٠؛ متى ٢٦: ٢٧ - ٢٨؛ تيطس ٣: ٥
[٧] رومية ٢: ٢٨ - ٢٩؛ ١ بطرس ٣: ٢١
[٨] متى ٣: ١١؛ ١ كورنثوس ١٢: ١٣
[٩] متى ٢٦: ٢٧ - ٢٨؛ ٢٨: ١٩ - ٢٠
[١٠] متى ٢٨: ١٩؛ ١ كورنثوس ٤: ١؛ ١١: ٢٠، ٢٣؛ عبرانيين ٥: ٤
[١١] ١ كورنثوس ١٠: ١ - ٤

الفصل الثامن والعشرون
بما يتعلّق بالمعموديّة

١- المعمودية هي من الأسرار المقدسّة للعهد الجديد. وقد رسّخها المسيح يسوع،[١] ليس فقط من أجل التسليم بقدسيتها من قبل الأفراد المعتمدين في الكنيسة المرئية؛[٢] ولكن لكي تكون بالنسبة لهم رمزاً وختماً لعهد النعمة،[٣] به يطعّمون في المسيح[٤] بالتجديد[٥] وغفران الخطايا[٦] معلنين تسليمهم الكامل لله من خلال المسيح يسوع، للسلوك في جدّة الحياة.[٧] هذا السر عيّنه الرب نفسه لكي يمارس من قبل الكنيسة حتى نهاية العالم.[٨]

٢- الوسيلة الماديّة المستخدمة في هذا السر المقدّس هي الماء الذي يعتمد فيه العضو باسم الآب والإبن والروح القدس، بواسطة خادم للإنجيل معيّن قانونياً لتلك المهمة.[٩]

٣- وليس من الضروري أن تتم المعمودية بالتغطيس؛ بل يجوز إجراؤها بالسكب أو برشّ الماء على الشخص المعتمد.[١٠]

٤- وتمارس ليس فقط للبالغ الذي يعلن إيمانه وطاعته للمسيح،[١١] ولكن أيضاً للأطفال الذين والداهم مؤمنان أو أحد الوالدين مؤمن.[١٢]

٥- مع أن رفض هذا الأمر الإلهي أو إهماله إثم كبير،[١٣] مع هذا فإن نعمة الخلاص ليست متلازمة ومرتبطة مع المعمودية بحيث أنه لا يمكن للإنسان أن يتجدّد أو يخلص بدونها؛[١٤] فليس جميع المعمّدين هم مخلّصون بدون شك.[١٥]

٦- إن فاعلية المعمودية ليست مرتبطة باللحظة من الوقت التي تمارس فيها؛[١٦] ومع ذلك فإن من يلتزم حقاً بإطاعة هذا الأمر الإلهي فإن النعمة الموعود بها ليست معروضة فقط بل ظاهرة للعيان بالروح القدس في اولئك (سواء البالغين أو الأطفال) كأنهم ملكوها بحسب مشورة الله وإرادته منذ الوقت الذي شاءت فيه إرادة الله.[١٧]

٧- إن سر المعمودية يمارس مرّة واحدة لأي شخص.[١٨]

(١) متى ٢٨: ١٩

(٢) ١ كورنثوس ١٢: ١٣

(٣) رومية ٤: ١١؛ كولوسي ٢: ١١ - ١٢

(٤) رومية ٦: ٥؛ غلاطية ٣: ٢٧

(٥) تيطس ٣: ٥

(٦) مرقس ١: ٤

(٧) رومية ٦: ٣-٤

(٨) متى ٢٨: ١٩ - ٢٠

(٩) متى ٣: ١١؛ ٢٨: ١٩ - ٢٠؛ يوحنا ١: ٣٣

(١٠) مرقس ٧: ٤؛ أعمال ٢: ٤١؛ ١٦: ٣٣؛ عبرانيين ٩: ١٠، ١٩ - ٢٢

(١١) مرقس ١٦: ١٥ - ١٦؛ أعمال ٨: ٣٧ - ٣٨

(١٢) تكوين ١٧: ٧-٨؛ متى ٢٨: ١٩؛ مرقس ١٠: ١٣ - ١٦؛ لوقا ١٨: ١٥؛ أعمال ٢: ٣٨ - ٣٩؛ رومية ٤: ١١ - ١٢؛ ١كورنثوس ٧:١٤، غلاطية ٣:٩،١٤، كولوسي ٢: ١١-١٢

(١٣) خروج ٤: ٢٤ - ٢٦؛ لوقا ٧: ٣٠

(١٤) أعمال ١٠: ٢، ٤، ٢٢، ٣١، ٤٥، ٤٧؛ رومية ٤: ١١

(١٥) أعمال ٨: ١٣، ٢٣

(١٦) يوحنا ٣: ٥، ٨

(١٧) أعمال ٢: ٣٨، ٤١؛ غلاطية ٣: ٢٧؛ أفسس ٥: ٢٥ - ٢٦؛ تيطس ٣: ٥

(١٨) تيطس ٣: ٥

الفصل التاسع والعشرون
بما يتعلّق بالعشاء الرباني

١ - في الليلة التي أسلم فيها ربنا يسوع، شرّع السر المقدّس بشركة جسده ودمه المسمىّ بعشاء الرب لكي يمارس في كنيسته إلى آخر الدهر، كذكرى سرمديّة لتقديم ذاته للموت كذبيحة كفاريّة كي يعطي ختم النعمة لجميع المؤمنين به فيتغذون وينمون روحياً، ويلتزمون بالولاء له وبالشركة معه ومع الإخوة كأعضاء في جسده الروحي.[١]

٢ - لم يقدّم يسوع نفسه بهذا السر المقدّس لله الآب ولا يرمز هذا السر لغفران الخطايا للأحياء أو الأموات،[٢] ولكنه إحياء لذكرى تقديم المسيح نفسه على الصليب مرّة واحدة كتقدمة روحية لها كل الكفاية لتمجيد الله كذلك.[٣] ولذلك 'فالذبائح الإلهية' (حسب ممارسة الكنيسة الكاثوليكيّة) في القداديس هي بغيظة لله ومهينة لذبيحة المسيح الوحيدة التي هي الكفارة الكافية عن خطايا جميع المختارين.[٤]

٣ - بهذا الأمر فإن الرب يسوع قد حدّد للقسس أن يوضحوا مبادئ الكلمة الإلهية للشعب ثم يصلّوا ويطلبوا بركة الرب على الخبز والخمر فيتحوّلا من حالتهما الطبيعية إلى أداتية للإستعمال المقدس، ثم يأخذوا ويكسرونه وكذلك الكأس فيشتركوا هم لكي يعطوا المشتركين في الكنيسة.[٥] ولا تعطى الشركة إلاّ للأعضاء الموجودين فقط.[٦]

٤ -القداديس الخاصة والتي تأخذ هذا السر بواسطة كاهن أو أي واحد آخر؛[٧] بطريقة مماثلة فيمنع إعطاء الكأس للشعب،[٨] كي يجعلهم يعبدون أدوات الشركة فيعطيها الإكرام ويرددها ثم يحتفظ بها بقصد إظهار قدسيتها فجميع هؤلاء يعاكسون طبيعة هذا السر ويخالفون تعاليم المسيح.[٩]

---

[١] ١ كورنثوس ١٠: ١٦-١٧، ٢١؛ ١١: ٢٣-٢٦؛ ١٢: ١٣
[٢] عبرانيين ٩: ٢٢، ٢٥ - ٢٦، ٢٨
[٣] متى ٢٦: ٢٦ - ٢٧؛ ١ كورنثوس ١١: ٢٤ - ٢٦
[٤] عبرانيين ٧: ٢٣-٢٤، ٢٧؛ ١٠: ١١ - ١٢، ١٤، ١٨
[٥] متى ٢٦: ٢٦ - ٢٨؛ مرقس ١٤: ٢٢ - ٢٤؛ لوقا ٢٢: ١٩ - ٢٠؛ ١ كورنثوس ١١: ٢٣ - ٢٦
[٦] أعمال ٢٠: ٧؛ ١ كورنثوس ١١: ٢٠
[٧] ١ كورنثوس ١٠: ٦
[٨] مرقس ١٤: ٢٣؛ ١ كورنثوس ١١: ٢٥ - ٢٩
[٩] متى ١٥: ٩

٥- إن الأدوات الماديّة لهذا السر والتي ينبغي أن تكرّس له حسب أمر الرب، فإن علاقتها بذبيحة المسيح هي التي تعطيها قدسيتها الحقيقية: فالبعض يدعونها أحياناً باسماء الأشياء التي تمثلها فيعتبرونها جسد المسيح ودمه.[١٠] مع أنها تبقى بطبيعتها السابقة كخبز وخمر فقط.[١١]

٦- إن التعليم الذي يتضمّن تحوّل جوهر الخبز والخمر ليصبح كجوهر جسد المسيح ودمه (والذي يسمىّ عادة بالإستحالة) بتقديسه من قبل الكهنة أو بأي شكل آخر هو بغيض ليس فقط بالنسبة للإنجيل بل حتى بالمعنى العام والمنطق وذلك لأنه يفسد طبيعة السر المقدّس، وقد كان هذا وسيبقى سبباً للخرافات والوثنيات الفادحة.[١٢]

٧- إن المستحقين الذين يشتركون بتناول عناصر الشركة بشكل منظور كسرٍ مقدّس،[١٣] ويمارسونه بالإيمان بصدق وإخلاص ليس بالإعتبار المادي أو بدنيوي بل بروحي، إنما يأخذون ذبيحة الرب ويتغذون بها ويحصلون على فوائد موته الكفاري كجسد المسيح ودمه، لكن الخبز والخمر لا يمثلان جسد المسيح دنيوياً أو مادياً بل روحياً للمؤمنين بأمره المقدّس بينما يبقيان في ذاتهما بمعناهما المادي.[١٤]

٨- كما أن الجهلة والخطاة الذين يمارسون هذا السر ظاهرياً لا يحصلون على الشيء الذي يرمز إليه فهم بإشتراكهم بغير استحقاق يأثمون تجاه جسد الرب ويستحقون الدينونة. لذلك فالجهلة وغير الروحيين بما انهم غير مؤهلين لبهجة الشركة مع الرب فهم غير مستحقين للإشتراك بالمائدة ولا يستطيعون ذلك بدون أن يسببوا لأنفسهم خطيئة عظيمة ضد الرب ولا سيّما عندما يستمرون بممارسة هذا السر المقدّس،[١٥] أو يُسمح لهم بذلك.[١٦]

[١٠] متى ٢٦: ٢٦-٢٨
[١١] متى ٢٦: ٢٩؛ ١ كورنثوس ١١: ٢٦-٢٨
[١٢] لوقا ٢٤: ٦، ٣٩؛ أعمال ٣: ٢١، ١ كورنثوس ١١: ٢٤-٢٦
[١٣] ١ كورنثوس ١١: ٢٨
[١٤] ١ كورنثوس ١٠: ١٦
[١٥] ١ كورنثوس ١١: ٢٧-٢٩؛ ٢ كورنثوس ٦: ١٤، ١٦
[١٦] متى ٧: ٦؛ ١ كورنثوس ٥: ٦-٧، ١٣؛ ٢ تسالونيكي ٣: ٦، ١٤-١٥

الفصل الثلاثون
بما يتعلّق بالعقوبات الكنسيّة

١ - إن الرب يسوع كونه الملك والرأس لكنيسته فقد وضع الحكم بيد القادة في الكنيسة بشكل مميّز عن السلطة المدنيّة.[١]

٢ - وعهد لهؤلاء القادة الأفاضل بمفاتيح ملكوت السموات؛ فلهم السلطة والولاية بأن يمسكوا الخطايا أو يغفروها، فهم يغلقون الملكوت أمام غير النادمين فينطقون عليهم بالحرم بواسطة كلمة الله، أو يفتحونه للخطاة التائبين بموجب سلطتهم الدينية، فيحلونهم من الحرم حسب تعليم الإنجيل، وذلك بما تقتضيه المناسبة.[٢]

٣ - والعقوبات الكنسيّة ضرورية لأجل رد وربح الإخوة الذين يخطئون، فهي تحول دون وقوع الآخرين بخطايا مماثلة، فتعزل تلك الخميرة التي تسبب العدوى للجمهور كله، وهكذا تصون كرامة المسيح وتعاليم الإنجيل المقدّس لتجنّب الغضب الإلهي الذي يمكن أن يقع على الكنيسة. لأن هؤلاء الذين يخطئون بعناد يتحمّلون مغبّة نقض العهود وتدنيسها وتشهيرها.[٣]

٤ - للحصول على هذه النتائج، على خدّام الكنيسة أن يحذّروا من عدم المشاركة بسرّ العشاء الرباني لمدة زمنيّة، وبعدها التحريم الكنسي حسب طبيعة الجريمة أو السيّئة التي يرتكبها العضو المخالف.[٤]

[١] إشعياء ٩: ٦-٧؛ متى ٢٨: ١٨-٢٠؛ أعمال ٢٠: ١٧-١٨؛ ١ كورنثوس ١٢: ٢٨؛ ١ تسالونيكي ٥: ١٢؛ ١ تيموثاوس ٥: ١٧؛ عبرانيين ١٣: ٧، ١٧، ٢٤
[٢] متى ١٦: ١٩؛ ١٨: ١٧-١٨؛ يوحنا ٢٠: ٢١-٢٣؛ ٢ كورنثوس ٢: ٦-٨
[٣] متى ٧: ٦؛ ١ كورنثوس ٥، ١١: ٢٧؛ ١ تيموثاوس ١: ٢٠؛ ٥: ٢٠؛ يهوذا ٢٣
[٤] متى ١٨: ١٧؛ ١ كورنثوس ٥: ٤-٥، ١٣؛ ١ تسالونيكي ٥: ١٢؛ ٢ تسالونيكي ٣: ٦، ١٤-١٥؛ تيطس ٣: ١٠

الفصل الحادي والثلاثون
بما يتعلّق بالمجالس الإستشاريّة و 'السينودس'

١ - من أجل حكمٍ أفضل، وتنوير أوسع في الكنيسة، يجب أن يكون هنالك مجمع عام يسمىّ 'السينودس' أو 'المجلس الاستشاري'؛[١] ويخصّ القادة والمراقبين للكنائس المشاركة حسب صلاحيّة مركزهم والسلطة الممنوحة لهم من المسيح للبناء وليس للهدم، فيعيّنوا بعض المجامع[٢] حيث يجتمعوا معاً مراراً حسب ما يحكمون بأنه مناسب لخير الكنيسة.[٣]

٢ - يعود 'للسينودس' و 'للمجلس الاستشاري' أن يحدّد لاهوتياً الأمور التي تخالف الإيمان وحالة الضمير، فيشرّعون القواعد الصالحة لتوجيه الشعب، كي يعبدوا الله حسب الوصيّة الإلهية ومن أجل أحكام كنيسته. وأن يقبلوا الاحتجاجات على حالات الإدارة الخاطئة، وهكذا يحدّد أيضاً الأشياء المسموحة بمراسيم وأحكام لكي تمارس باحترام وخضوع كما يتفق مع كلمة الله، وليس فقط من حيث القبول بالكلمة، بل أيضاً بالسلطة الممنوحة بها لهؤلاء كونهم خدّام الله المعينين حسب كلمته.[٤]

٣ - إن قرارات 'السينودسات' و 'المجالس الاستشارية' من بعد وقت الرسل سواء كانت عمومية أو جزئية يمكن أن تنحرف أو أن تخطئ وبهذا فلا يعمل بها أو تطبّق كقانون إيمان بل تستخدم كمساعدة في الحالتين.[٥]

٤ - 'السينودسات' و 'المجالس الاستشارية' لا توجّه أو تقرّر إلاّ في الأمور الكنسيّة ولا تتدخل في الأمور المدنيّة التي تهم عامة الشعب إلاّ بطريقة الالتماس المتواضع في حالات استثنائية أو عن طريق المشورة لإرضاء الضمير إذا طلبت ذلك السلطة المدنيّة.[٦]

[١] أعمال ١٥ : ٢، ٤، ٦

[٢] أعمال ١٥

[٣] أعمال ١٥ : ٢٢ - ٢٣، ٢٥

[٤] متى ١٨ : ١٧ - ٢٠ ؛ أعمال ١٥ : ١٥، ١٩، ٢٤، ٢٧-٣١ و ١٦ : ٤

[٥] أعمال ١٧ : ١١ ؛ ٢ كورنثوس ١ : ٢٤، ٢ : ٥ وافسس ٢ : ٢٠

[٦] لوقا ١٢ : ١٣ - ١٤ ؛ يوحنا ١٨ : ٣٦

الفصل الثاني والثلاثون
بما يتعلّق بحالة البشر بعد الموت وقيامة الأموات

١ - ترجع أجساد البشر بعد الموت إلى التراب وتتفسّخ؛[١] ولكنّ نفوسهم التي لا تموت ولا تنام، فهي تعود بالحال إلى الله الذي وهبها؛[٢] فنفوس الأبرار الذين عملوا البر تنتقل الى المجد الذي تحصل عليه في السموات العليا، حيث سيشاهدون وجه الله في نوره ومجده، منتظرين الفداء الكامل لأجسادهم.[٣] ونفوس الأشرار تنحدر إلى الجحيم، بحيث يبقون في العذاب والظلام الدامس محفوظين لدينونة اليوم العظيم.[٤] وعن غير هذين المكانين للنفوس المنفصلة عن أجسادها لم يعلمنا الكتاب المقدس.

٢ - فالأحياء الباقون على قيد الحياة، سيتغيّرون في اليوم الأخير؛[٥] وجميع الأموات سيقومون بأجسادهم الذاتية لا سواها، بحيث يتحّدوا بأجسادهم ثانية وللأبد.[٦]

٣ - وبقدرة المسيح، فأجساد غير الأبرار ستقوم للإزدراء، وأجساد الأبرار تقام بروحه للكرامة، لتصبح مشابهة صورة جسد مجده.[٧]

---

(١) تكوين ٣: ١٩؛ أعمال ١٣: ٣٦

(٢) جامعة ١٢: ٧؛ لوقا ٢٣: ٤٣

(٣) أعمال ٣: ٢١؛ ٢ كورنثوس ٥: ١، ٦، ٨؛ أفسس ٤: ١٠؛ فيلبي ١: ٢٣؛ عبرانيين ١٢: ٢٣

(٤) لوقا ١٦: ٢٣- ٢٤؛ أعمال ١: ٢٣؛ ١ بطرس ٣: ١٩؛ يهوذا ٦ -٧

(٥) ١ كورنثوس ١٥: ٥١ - ٥٣؛ ١ تسالونيكي ٤: ١٧

(٦) أيوب ١٩: ٢٦- ٢٧؛ ١ كورنثوس ١٥: ٤٢- ٤٤

(٧) يوحنا ٥: ٢٨ -٢٩؛ أعمال ٢٤: ١٥؛ ١ كورنثوس ١٥: ٤٣؛ فيلبي ٣: ٢١

الفصل الثالث والثلاثون
بما يتعلّق بالدينونة الأخيرة

١ - لقد عيّن الله يوماً فيه سيدين العالم بعدالة المسيح يسوع،[١] فله قد أعطيت السلطة والدينونة من قبل الآب.[٢] في ذلك اليوم لا يدان الملائكة المرتدون فقط،[٣] ولكن كذلك جميع الأشخاص اللذين كانوا قد عاشوا على الأرض سيظهرون أمام كرسي المسيح، ليعطوا حساباً عن أفكارهم وأقوالهم وأعمالهم، ولكي يجازوا بحسب كل ما عملوه في الجسد سواء أكان خيراً أم شراً.[٤]

٢ - إن غرض الله من تعّين ذلك اليوم هو لإظهار عظمة رحمته بالخلاص الأبدي للمختارين؛ وعدالته بدينونة المرفوضين منه، الخطاة وغير الطائعين، وعندها يذهب الأبرار إلى حياة أبدية ويحصلون على السعادة الكاملة والمتجددة التي تأتي من حضرة الرب. بينما الخطاة الذين لا يعرفون الله ولا يطيعون إنجيل المسيح يسوع سيطرحون في العذاب الأبدي وسيعاقبون بالإنفصال الأبدي عن محضر الله وعن مجد سلطانه.[٥]

٣ - كما أن يسوع يريدنا أن نكون مقتنعين بكل تأكيد بأنه سيكون هنالك يوم للدينونة فإن ذلك يردع الناس عن الخطيّة ويقدّم أعظم تعزية للصالحين في شدّتهم.[٦] وهكذا فهو لا يعرّف الناس بهذا اليوم لكي تتزعزع أمامهم جميع الضمانات العالمية. ويظلوا ساهرين دائماً لأنهم لا يعرفون في أي ساعة يأتي الرب. ويكونوا مستعدين ليقولوا "تعال أيها الرب يسوع، تعال سريعاً. آمين."[٧]

[١] أعمال ١٧ : ٣١

[٢] يوحنا ٥ : ٢٢، ٢٧

[٣] ١ كورنثوس ٦ : ٣ ؛ ٢ بطرس ٢ : ٤؛ يهوذا ٦

[٤] جامعة ١٢ : ١٤ ؛ متى ١٢ : ٣٦ - ٣٧ ؛ رومية ٢ : ١٦ و ١٤ : ١٠ ، ١٢؛ ٢ كورنثوس ٥ : ١٠

[٥] متى ٢٥ : ٢١ ؛ أعمال ٣ : ١٩ ؛ رومية ٢ : ٥- ٦ ؛ ٩ : ٢٢ - ٢٣ ؛ ٢ تسالونيكي ١ : ٧-١٠

[٦] لوقا ٢٧ : ٧ ، ٢٨ ؛ رومية ٨ : ٢٣ - ٢٥ ؛ ٢ كورنثوس ٥ : ١٠ - ١١ ؛ ٢ تسالونيكي ١ : ٥- ٧ ؛ ٢ بطرس ٣ : ١١، ١٤

[٧] متى ٢٤ : ٣٦، ٤٢ - ٤٤ ، مرقس ١٣ : ٣٥ - ٣٧ ؛ لوقا ١٢ : ٣٥- ٣٦؛ رؤيا ٢٢ : ٢٠

الوثيقة التعليميّة 'الصغيرة' لمجمع 'وستمنستر'

السؤال ١: ما هو الهدف الأعلى للإنسان ؟
الجــواب: هدف الإنسان الأعلى هو تمجيد الله،[١] والتمتع به إلى الأبد.[٢]

السؤال ٢: ما هو القانون الذي منحه الله لنا ليقودنا نحو تمجيده والتمتع به ؟
الجــواب: 'كلمة الله' بعهديها 'القديم' و'الجديد'[٣] هي القانون الوحيد الذي بواسطته نستطيع تمجيد الله والتمتع به.[٤]

السؤال ٣: ماذا يعلّم الكتاب المقدّس بشكل رئيسي ؟
الجــواب: يعلّم الكتاب المقدس بشكل رئيسي عن واجب الإنسان بخصوص الإيمان بالله، والفرائض التي يقتضيها من الإنسان.[٥]

السؤال ٤: ما هو الله ؟
الجــواب: الله هو روح،[٦] سرمدي،[٧] أبدي[٨] لا يتغيّر،[٩] في كينونته: حكمة،[١٠] قدرة،[١١] قداسة،[١٢] عدل، خير، وحق.[١٣][١٤]

السؤال ٥: هل يوجد أكثر من إله واحد ؟
الجــواب: يوجد إله واحد فقط، الله الحي الحقيقي.[١٥]

السؤال ٦: كم شخص يوجد في اللاهوت ؟
الجــواب: يوجد ثلاثة أشخاص في اللاهوت: الآب، الإبن، والروح القدس؛ وهذا الثالوث هو إله واحد، في ذات الجوهر ومتساوٍ في القدرة والمجد.[١٦]

السؤال ٧: ما هي أحكام الله ؟
الجــواب: أحكام الله هي مقاصده الأبدية، حسب مشورة إرادته، والتي بواسطتها ولأجل مجده الخاص، فقد عيّن كل ما يحدث.[١٧]

السؤال ٨: كيف ينجز الله أحكامه ؟
الجــواب: ينجز الله أحكامه في أعمال الخليقة وبواسطة عنايته الإلهية.[١٨]

[١] ١ كورنثوس ١٠: ٣١
[٢] مزمور ٧٣: ٢٥-٢٨
[٣] أفسس ٢: ٢٠؛ ٢ تيموثاوس ٣: ١٦
[٤] ١ يوحنا ١: ٣-٤
[٥] ٢ تيموثاوس ١: ٣؛ ٣: ١٦
[٦] يوحنا ٤: ٢٤
[٧] أيوب ١١: ٧-٩ (١٢) رؤيا ٤: ٨
[٨] مزمور ٩٠: ٢
[٩] يعقوب ١: ١٧ [١٤] خروج ٣٤: ٦-٧
[١٠] خروج ٣: ١٤
[١١] مزمور ١١٧: ٥
[١٢] رؤيا ٤: ٨
[١٣] رؤيا ١٥: ٤
[١٤] خروج ٣٤: ٦-٧
[١٥] تثنية ٦: ٤
[١٦] متى ٢٨: ١٩؛ ١ يوحنا ٥: ٧
[١٧] رومية ٩: ٢٢-٢٣؛ أفسس ١: ٤
[١٨] رؤيا ٤: ١١؛ أفس ١: ١١

السؤال ٩: ما هي عملية الخلق ؟
الجــواب : عملية الخلق هي إبداع كل شيء من العدم بواسطة كلمة وقدرة الله في مدّة ستة أيام، وكانت كلها حسنة.[١]

السؤال ١٠: كيف خلق الله الإنسان ؟
الجــواب : خلق الله الإنسان ذكراً وأنثى، على صورته، بمعرفة، وصلاح، وقداسة، ومنحه سلطة على كل المخلوقات.[٢]

السؤال ١١: ما هي العناية الإلهية ؟
الجــواب : العناية الإلهية هي صفة نابعة من قداسة،[٣] وحكمة،[٤] وقدرة الله التي بها يصون[٥] ويحكم كل خلائقه وكل أعمالهم.[٦]

السؤال ١٢: ما هي العناية الإلهية الخاصة التي شمل بها الله الإنسان في الحالة التي خلقه بها؟
الجــواب : عندما خلق الله الإنسان، أبرم معه عهداً للحياة بشرط الطاعة الكاملة؛ محذراً إياه من الأكل من شجرة معرفة الخير والشر، وإلاّ سيواجه وزوجته عاقبة الموت.[٧]

السؤال ١٣: هل إستمر أبوانا الأولان (آدم وحواء) في الحالة التي خلقهما بها الله ؟
الجــواب : سقط أبوانا الأولان من الحالة التي خلقا بها إذ أذنبا ضد الله وذلك بمحض حرية إرادتهما الذاتية.[٨]

السؤال ١٤: ما هي الخطيّة ؟
الجــواب : الخطيّة هي عدم اللإمتثال لناموس الله أو التعدي عليه.[٩]

السؤال ١٥: ما هي الخطيّة التي من جرّائها سقط أبوانا الأولان من الحالة التي خلقا بها ؟
الجــواب : الخطيّة التي بواسطتها سقط أبوانا الأولان من الحالة التي خلقا بها هي خطيّة الأكل من الثمرة المحرّمة.[١٠]

[١] تكوين ١ ؛ عبرانيين ١١ : ٣
[٢] تكوين ١ : ٢٦ - ٢٨ ؛ أفسس ٤ : ٢٤ ؛ كولوسي ٣ : ١٠
[٣] مزمور ١٤٥ : ١٧
[٤] مزمور ١٠٤ : ٢٤ ؛ إشعياء ٢٨ : ٢٩
[٥] عبرانيين ١ : ٣
[٦] مزمور ١٠٣ : ١٩ ؛ متى ١٠ : ٢٩ - ٣١
[٧] تكوين ٢ : ١٧ ؛ غلاطية ٣ : ١٢
[٨] تكوين ٣ : ٦-٨، ١٣ ؛ الجامعة ٧ : ٢٩
[٩] ١ يوحنا ٣ : ٤
[١٠] تكوين ٣ : ٦

السؤال ١٦: هل سقط الجنس البشري بأجمعه بواسطة خطيّة آدم ؟
الجـــواب: لم يبرم الله عهداً مع آدم وحده، بل مع كل ذريّته وكل الجنس البشري المنحدر منه بالسلالة الطبيعية، فسقطوا معه في خطيّته الأولى.[١]

السؤال ١٧: أية حالة جلب السقوط على الجنس البشري ؟
الجـــواب: جلب السقوط على الجنس البشري حالة الخطيّة والشقاء.[٢]

السؤال ١٨: ما هي الحالة التي ترتّبت على خطيّة السقوط ؟
الجـــواب: الحالة التي ترتّبت على خطيّة السقوط تتكوّن من: الذنب الناتج عن خطيّة آدم الأولى؛ الإفتقار إلى حالة الصلاح الأصلي؛ الفساد الكلي للطبيعة البشرية، والتي يطلق عليها "الخطيّة الأصليّة" التي نتجت عنها كل المعاصي.[٣]

السؤال ١٩: ما هي الشقاوة الحاصلة عن الحالة التي سقطت فيها البشريّة ؟
الجـــواب: فقدت البشرية شركتها مع الله نتيجة السقوط،[٤] فصارت تحت غضب ولعنة الله،[٥] وبذلك صارت مسؤولة عن كل الشقاء في هذه الحياة والموت المؤدي إلى عذاب الجحيم الأبدي.[٦]

السؤال ٢٠: هل ترك الله البشريّة هالكة في حالة الخطيّة والشقاء؟
الجـــواب: منذ الأزل ولمجد مسرّته إختار الله البعض للحياة الأبدية،[٧] وأبرم معهم عهداً من النعمة لينجيهم من حالة الخطيّة والشقاء وليجلبهم إلى حالة الخلاص بواسطة الفادي.[٨]

السؤال ٢١: من هو الفادي لمختاري الله ؟
الجـــواب: الفادي الوحيد لمختاري الله هو الرب يسوع المسيح،[٩] الذي هو ابن الله الأزلي الذي صار إنساناً،[١٠] ولم يتخلّ عن لاهوته فاستمرّ بكينونته إنساناً كاملاً وإلهاً كاملاً بطبيعتين متميّزتين وبشخص واحد للأبد.[١١]

[١] تكوين ٢: ١٦-١٧؛ رومية ٥: ١٢؛ ١ كورنثوس ١٥: ٢١-٢٢
[٢] رومية ٥: ١٢
[٣] متى ١٥: ١٩؛ رومية ٥: ١٠-٢٠؛ ٥: ١٢، ١٩؛ أفسس ٢: ١-٣؛ يعقوب ١: ١٤-١٥
[٤] تكوين ٣: ٨، ١٠، ٢٤
[٥] غلاطية ٣: ١٠؛ أفسس ٢: ٢-٣
[٦] مراثي أرميا ٣: ٣٩؛ متى ٢٥: ٤١، ٤٦؛ رومية ٦: ٢٣
[٧] أفسس ١: ٤
[٨] رومية ٣: ٢٠-٢٢؛ غلاطية ٣: ٢١-٢٢
[٩] ١ تيموثاوس ٢: ٥-٦
[١٠] يوحنا ١: ١٤؛ غلاطية ٤: ٤
[١١] لوقا ١: ٣٥؛ رومية ٩: ٥؛ كولوسي ٢: ٩؛ عبرانيين ٧: ٢٤-٢٥

السؤال ٢٢: كيف صار المسيح إنساناً، كونه "ابن الله"؟
الجــواب: صار المسيح "ابن الله" إنساناً آخذاً لنفسه جسداً حقيقياً [١] وروحاً عاقلة [٢]، كونه حبل به في رحم مريم العذراء بقوّة الروح القدس، وولد منها، [٣] معصوماً عن أية خطيّة. [٤]

السؤال ٢٣: ما هي الوظائف التي شغلها المسيح فادينا؟
الجــواب: كونه فادياً، فقد تمم المسيح وظيفة النبي والكاهن والملك بناسوته الأرضي ومجده السماوي. [٥]

السؤال ٢٤: كيف أكمل المسيح وظيفة النبي ؟
الجــواب: أكمل المسيح وظيفة النبي بإعلانه لنا بواسطة كلمته وروحه إرادة الله لخلاصنا. [٦]

السؤال ٢٥: كيف أكمل المسيح وظيفة الكاهن ؟
الجــواب: أكمل المسيح وظيفة الكاهن بتقديم نفسه كذبيحة لإيفاء العدالة الإلهية، [٧] ومصالحتنا مع الله، [٨] والاستمرار بشفاعته من أجلنا. [٩]

السؤال ٢٦: كيف أكمل المسيح وظيفة الملك ؟
الجــواب: أكملّ المسيح وظيفة الملك بإخضاعنا إليه، [١٠] وسيادته علينا، [١١] ودفاعه عنّا [١٢] وردع وهزيمة أعدائه وأعدائنا. [١٣]

السؤال ٢٧: ما هو إتضاع المسيح ؟
الجــواب: إتضاع المسيح يشمل ولادته الوضيعة، [١٤] وصيرورته تحت الناموس، [١٥] وتحمّله شقاء الحياة، [١٦] وغضب الله، [١٧] ولعنة الموت على الصليب؛ [١٨] والدفن، [١٩] والبقاء تحت سلطة الموت لفترة وجيزة. [٢٠]

[١] عبرانيين ٢: ١٤، ١٦؛ ١٠: ٥
[٢] متى ٢٦: ٣٨
[٣] لوقا ١: ٢٧، ٣١، ٣٥، ٤٢؛ غلاطية ٤: ٤
[٤] عبرانيين ٤: ١٥؛ ٧: ٢٦
[٥] مزمور ٢: ٦، ٨ - ١١؛ إشعياء ٩: ٦-٧؛ متى ٢١: ٥؛ ٢
كورنثوس ١٣: ٣؛ عبرانيين ٥: ٥-٧؛ ٧: ٢٥؛ ١٢: ٢٥
[٦] يوحنا ١: ١٨؛ ١٥: ١٥؛ ٢٠: ٣١؛ ١ بطرس ١: ١٠ - ١٢
[٧] عبرانيين ٩: ١٤، ٢٨
[٨] عبرانيين ٢: ١٧
[٩] عبرانيين ٧: ٢٤ - ٢٥
[١٠] أعمال ١٥: ١٤ - ١٦
[١١] إشعياء ٣٢: ٢٢
[١٢] إشعياء ٣٢: ١ - ٢
[١٣] مزمور ١١٠؛ ١ كورنثوس ١٥: ٢٥
[١٤] لوقا ٢: ٧
[١٥] غلاطية ٤: ٤
[١٦] إشعياء ٥٣: ٢ - ٣؛ عبرانيين ١٢: ٢ - ٣
[١٧] متى ٢٧: ٤٦؛ لوقا ٢٢: ٤٤
[١٨] فيلبي ٢: ٨
[١٩] ١ كورنثوس ١٥: ٣-٤
[٢٠] أعمال ٢: ٢٤ - ٢٧، ٣١

السؤال ٢٨ : ما هو مقام المسيح السامي ؟

الجـــواب : يشمل مقام المسيح السامي على قيامته من الأموات في اليوم الثالث[١] وصعوده إلى السماء،[٢] وجلوسه على يمين الله الآب،[٣] ومجيئه لإدانة العالم في اليوم الأخير.[٤]

السؤال ٢٩ : كيف نشارك بالفداء الذي إبتاعه المسيح ؟

الجـــواب : نشارك في الفداء الذي ابتاعه المسيح بفاعلية [٥] عمل الروح القدس[٦].

السؤال ٣٠ : كيف يطبّق الروح القدس الفداء الذي إبتاعه المسيح ؟

الجـــواب : يطبّق الروح القدس الفداء الذي إبتاعه المسيح بفعل الإيمان في القلب،[٧] وبذلك يوحّدنا مع المسيح فيتمم فعالية دعوتنا.[٨]

السؤال ٣١ : ما هي الدعوة الفعّالة ؟

الجـــواب : الدعوة الفعّالة هي عمل روح الله،[٩] والذي بواسطته يبكتنا على خطيتنا وبؤسنا،[١٠] فينير عقولنا بمعرفة المسيح،[١١] وتجديد إرادتنا،[١٢] وإقناعنا بقبول المسيح في قوبنا والذي هو العطيّة المجانية بحسب الإنجيل.[١٣]

السؤال ٣٢ : ما هي الفوائد الحاصلة في هذه الحياة لأولئك الذين تشملهم فعالية الدعوى ؟

الجـــواب : أولئك الذين شملتهم فعاليّة الدعوة يشاركون في التبرير،[١٤] والبنوّة[١٥] والقداسة، وكل الفضائل الناتجة عن ذلك.[١٦]

السؤال ٣٣ : ما هو التبرير ؟

الجـــواب : التبرير هو عمل نعمة الله المجانيّة، وبواسطتها يغفر كل خطايانا،[١٧] ويقبلنا كمبرّرين،[١٨] فقط لأن برّ المسيح قد أُسند إلينا[١٩]، والذي يقبله المؤمن بالإيمان فقط.[٢٠]

---

(١) ١ كورنثوس ١٥ : ٤
(٢) مرقس ١٦ : ١٩
(٣) أفسس ١ : ٢٠
(٤) أعمال ١ : ١١؛ ١٧ : ٣١
(٥) يوحنا ١ : ١١ - ١٢
(٦) تيطس ٣ : ٥ -٦
(٧) يوحنا ٦ : ٣٧ - ٣٩؛ أفسس ١ : ١٣ - ١٤؛ ٢ : ٨
(٨) ١ كورنثوس ١ : ٩؛ أفسس ٣ : ١٧
(٩) ٢ تسالونيكي ٢ : ١٣ -١٤؛ ٢ تيموثاوس ١ : ٩
(١٠) أعمال ٢ : ٣٧
(١١) أعمال ٢٦ : ١٨
(١٢) حزقيال ٣٦ : ٢٦ - ٢٧
(١٣) يوحنا ٦ : ٤٤ - ٤٥؛ فيليبي ٢ : ١٣
(١٤) رومية ٨ : ٣٠
(١٥) أفسس ١ : ٥
(١٦) ١ كورنثوس ١ : ٢٦، ٣٠
(١٧) رومية ٣ : ٢٤ - ٢٥؛ ٤ : ٦ -٨
(١٨) ٢ كورنثوس ٥ : ١٩، ٢١
(١٩) رومية ٥ : ١٧ - ١٩
(٢٠) غلاطية ٢ : ١٦؛ فيليبي ٣ : ٩

السؤال ٣٤: ما هي البنوّة ؟

الجـــواب: البنوّة هي عمل نعمة الله المجانيّة [١] والتي بواسطتها نصير أبناء الله، وبذلك نملك الاستحقاق والإمتيازات المترتبّة عليها. [٢]

السؤال ٣٥: ما هو التقديس ؟

الجـــواب: التقديس هو عمل نعمة الله المجانيّة، [٣] والتي بواسطتها يتجدّد كل الإنسان نحو صورة الله، [٤] فيتمكّن أكثر وأكثر أن يموت عن الخطيّة ويعيش للبر. [٥]

السؤال ٣٦: ما هي الفوائد التي ترافق أو تنتج عن الفداء، البنوّة، والتقديس في هذه الحياة ؟

الجـــواب: الفوائد التي ترافق أو تنتج عن الفداء والبنوّة والتقديس تشمل: التأكّد من محبة الله وسلام الضمير، [٦] الفرح بالروح القدس، [٧] وفرة النعمة، [٨] والمثابرة حتى النهاية. [٩]

السؤال ٣٧: ما هي الفوائد التي ينعم بها المؤمن من المسيح وقت الموت ؟

الجـــواب: تكمل أرواح المؤمنين بالقداسة عند الموت، [١٠] فتحظى مباشرة بالمجد، [١١] واجسادهم المتحدة بالمسيح، [١٢] تبقى في القبور [١٣] حتى يوم القيامة. [١٤]

السؤال ٣٨: ما هي الفوائد التي ينعم بها المؤمن في يوم القيامة ؟

الجـــواب: ينعم المؤمن في يوم القيامة بالصعود إلى المجد [١٥] فيقبلون بعلانية ويحكم عليهم بالبراءة في يوم الدينونة، [١٦] وتحل عليهم البركة الكاملة بالسعادة لدى الله [١٧] إلى الأبد. [١٨]

(١) ١ يوحنا ٣: ١
(٢) يوحنا ١: ١٢؛ رومية ٨: ١٧
(٣) ٢ تسالونيكي ٢: ١٣
(٤) أفسس ٤: ٢٣ - ٢٤
(٥) رومية ٦: ٤،٦؛ ٨: ١
(٦) رومية ٥: ١-٢،٥
(٧) رومية ١٤: ١٧
(٨) أمثال ٤: ١٨
(٩) ١ بطرس ١: ٥؛ ١ يوحنا ٥: ١٣
(١٠) عبرانيين ١٢: ٢٣
(١١) لوقا ٢٣: ٤٣؛ ٢ كورنثوس ٥: ١،٦،٨؛ فيليبي ١: ٢٣
(١٢) ١ تسالونيكي ٤: ١٤
(١٣) إشعياء ٥٧: ٢
(١٤) أيوب ١٩: ٢٦ - ٢٧
(١٥) ١ كورنثوس ١٥: ٤٣
(١٦) متى ١٠: ٣٢؛ ٢٥: ٢٣
(١٧) ١ كورنثوس ١٣: ١٢؛ ١ يوحنا ٣: ٢
(١٨) ١ تسالونيكي ٤: ١٧ - ١٨

السؤال٣٩: ما هو الواجب الذي يتطلبه الله من الإنسان ؟
الجـــواب: الواجب الذي يتطلبه الله من الإنسان هو الطاعة لإرادته المعلنة.[١]

السؤال ٤٠: ما هو القانون الذي أعلنه الله في البداية الذي يحكم طاعة الإنسان؟
الجـــواب: القانون الذي أعلنه الله في البداية الذي يحكم طاعة الإنسان هو "الناموس الأدبي."[٢]

السؤال ٤١: أين يمكن ان نجد ملخصاً " للناموس الأدبي " ؟
الجـــواب: نجد ملخصاً "للناموس الأدبي" في الوصايا العشر.[٣]

السؤال ٤٢: ما هي خلاصة "الوصايا العشرة"؟
الجـــواب: خلاصة "الوصايا العشرة" هي: أن نحب الرب إلهنا من كل قلوبنا، ومن كل أنفسنا، ومن كل قدراتنا، ومن كل فكرنا، وقريبنا كأنفسنا.[٤]

السؤال ٤٣: ما هي مقدمة "الوصايا العشرة" ؟
الجـــواب: مقدمة الوصايا العشرة تشمل الكلمات التالية: "أنا الرب إلهك الذي أخرجك من أرض مصر من بيت العبودية."[٥]

السؤال ٤٤: ماذا تعلمنا مقدمة "الوصايا العشرة" ؟
الجـــواب: تعلمنا مقدمة الوصايا العشرة أن الله هو الرب إلهنا وفادينا، ولذلك فمحتوم علينا أن نحفظ كل وصاياه.[٦]

السؤال ٤٥: ما هي الوصية الأولى ؟
الجـــواب: الوصيّة الأولى هي: "لا يكن لك آلهة أخرى أمامي."[٧]

[١] ١ صاموئيل ١٥ : ٢٢؛ ميخا ٦ : ٨
[٢] رومية ٢ : ١٤ - ١٥؛ ١٠ : ٥
[٣] تثنية ١٠ : ٤؛ متى ١٩ : ١٧
[٤] متى ٢ : ٣٧ - ٤٠
[٥] خروج ٢٠ : ٢
[٦] لوقا ١ : ٧٤ - ٧٥؛ ١ بطرس ١ : ١٥ - ١٨
[٧] خروج ٢٠ : ٣

السؤال ٤٦: ماذا تستلزم الوصيّة الأولى ؟

الجــواب: تستلزم الوصيّة الأولى أن نعرف ونقرّ أن الله هو الإله الواحد الحقيقي وهو إلهنا؛[١] وطبقاً لذلك يجب علينا عبادته وتمجيده.[٢]

السؤال ٤٧: ما هو المحظور في الوصيّة الأولى ؟

الجــواب: المحظور في الوصيّة الأولى هو إنكار الله،[٣] وعدم عبادته وتمجيده كونه الإله الحقيقي[٤] هو إلهنا؛[٥] وأيضاً تحذّر من تقديم أية عبادة وتمجيد لأية شخص آخر، فهو الوحيد الذي يستحق العبادة والتمجيد.[٦]

السؤال ٤٨: ما هو المقصود بالعبارة: "أمامي" الواردة في الوصيّة الأولى ؟

الجــواب: المقصود بالعبارة "أمامي" هو أن الله يرى كل الأشياء، فلا يسر بالخطيئة التي تنشأ عن إتباع أي إله آخر.[٧]

السؤال ٤٩: ما هي الوصيّة الثانية ؟

الجــواب: الوصيّة الثانية هي: " لا تصنع لك تمثالاً منحوتاً ولا صورة ما ممّاً في السماء من فوق وما في الأرض من تحت وما في الماء من تحت الأرض. لا تسجد لهنّ ولا تعبدهنّ. لأني أنا الرب إلهك إلهُ غيورُ أفتقد ذنوب الآباء في الأبناء في الجيل الثالث والرابع من مبغضي. وأصنع إحساناً إلى ألوف من محبيّ وحافظي وصاياي." [٨]

السؤال ٥٠: ماذا تستلزم الوصيّة الثانية ؟

الجــواب: تستلزم الوصيّة الثانية مراعاة وقبول وحفظ طهارة العبادة الدينية وأحكامها حسب تعاليم الكلمة.[٩]

[١] تثنية ٢٦: ١٧؛ ١ أخبار الأيام ٢٨: ٩
[٢] مزمور ٢٩: ٢؛ متى ٤: ١٠
[٣] مزمور ١٤: ١
[٤] رومية ١: ٢١
[٥] مزمور ٨١: ١٠ - ١١
[٦] رومية ١: ٢٥ - ٢٦
[٧] مزمور ٤٦: ٢٠ - ٢١؛ حزقيال ٨: ٥-٦
[٨] خروج ٢٠: ٤-٦
[٩] تثنية ٣٢: ٤٦؛ متى ٢٨: ٢٠، أعمال ٢: ٤٢

السؤال ٥١: ما هو المحظور في الوصيّة الثانية ؟

الجـواب: تحذّر الوصيّة الثانية من عبادة الله بواسطة التماثيل والصور[١] أو بأي طريقة أخرى غير معيّنة في كلمة الله.[٢]

السؤال ٥٢: ما هي الأسباب المرتبطة بالوصيّة الثانية ؟

الجـواب: الأسباب المرتبطة بالوصية الثانية تشمل على: سلطة الله المطلقة فوق البشر،[٣] وملكيته علينا،[٤] وغيرته للعبادة له وحده.[٥]

السؤال ٥٣: ما هي الوصية الثالثة ؟

الجـواب: "لا تنطق باسم الرب إلهك باطلاً. لأن الرب لا يبرئ من نطق باسمه باطلاً.[٦]

السؤال ٥٤: ماذا تستلزم الوصيّة الثالثة ؟

الجـواب: تستلزم الوصية الثالثة تقديس وتبجيل إستعمال اسم الله،[٧] ألقابه،[٨] صفاته،[٩] مراسيمه،[١٠] كلمته،[١١] وأعماله.[١٢]

السؤال ٥٥: ما هو المحظور في الوصيّة الثالثة ؟

الجـواب: تحظّر الوصية الثالثة إنتهاك أو إساءة استعمال أي شيء أعلنه الله والذي بواسطته جعل نفسه معروفاً.[١٣]

السؤال ٥٦: ما هو السبب المرتبط بالوصيّة الثالثة ؟

الجـواب: السبب المرتبط بالوصيّة الثالثة هو التحذير بأنه إذا نجا أي شخص بنقضه وصايا الله من عقاب البشر، فإنه لن يفلت من دينونة الله العادلة.[١٤]

السؤال ٥٧: ما هي الوصيّة الرابعة ؟

الجـواب: الوصية الرابعة هي: " أذكر يوم السبت لتقدسه. ستة أيام تعمل وتصنع عملك. وأما اليوم السابع ففيه سبت للرب إلهك. لا تصنع عملاً ما أنت وابنك وابنتك وعبدك وأمتك وبهيمتك ونزيلك الذي داخل أبوابك. لأن في ستة أيام صنع الرب السماء والأرض والبحر وكل ما فيها. واستراح في اليوم السابع. لذلك بارك الرب يوم السبت وقدّسه."[١٥]

(١) خروج ٣٢: ٥، ٨؛ تثنية ٤: ١٥ - ١٩
(٢) تثنية ١١: ٣١-٣٢
(٣) مزمور ٩٥: ٢ - ٣
(٤) مزمور ٤٥: ١١
(٥) خروج ٣٤: ١٣ - ١٤
(٦) خروج ٢٠: ٧
(٧) تثنية ٢٨: ٥٨؛ متى ٦: ٩
(٨) مزمور ٦٨: ٤
(٩) رؤية ١٥: ٣-٤
(١٠) ملاخي ١: ١١، ١٤
(١١) مزمور ١٣٨: ١-٢
(١٢) أيوب ٣٦: ٢٤
(١٣) ملاخي ١: ٦-٧، ١٢؛ ٢: ٢؛ ٣: ١٤
(١٤) تثنية ٢٨: ٥٨- ٥٩ ؛ ١ صاموئيل ٢: ١٢، ١٧، ٢٢، ٢٩؛ ٣: ١٣
(١٥) خروج ٢٠: ٨ - ١١

السؤال ٥٨: ماذا تستلزم الوصيّة الرابعة ؟
الجواب: تستلزم الوصيّة الرابعة حفظ أوقات مقدّسة لله كما عيّنها في كلمته؛ بالخصوص يوماً واحداً كاملاً من سبعة أيام هو السبت المقدّس - يوماً لله.[1]

السؤال ٥٩: أي يوم من الأيام السبعة عينه الله ليكون السبت الإسبوعي ؟
الجواب: منذ الخليقة وحتى قيامة المسيح عيّن الله اليوم السابع في الأسبوع ليكون يوم السبت؛ وهو أول ايام الأسبوع منذ ذلك الحين ويستمر حتى نهاية العالم وهو السبت المسيحي (أي يوم الأحد).[2]

السؤال ٦٠: كيف يتقدّس يوم السبت ؟
الجواب: يتقدّس يوم السبت بالإستراحة المقدسة كل اليوم[3] حتى من الأشغال والاستجمام؛[4] وقضاء كل الوقت في العبادة الجمهورية والخاصة،[5] ما عدى في الحالات التي تقتضي الحاجة للعمل الطارئ أو ممارسة أعمال الرحمة.[6]

السؤال ٦١: ما هو المحظور في الوصية الرابعة ؟
الجواب: تحظر الوصية الرابعة إغفال أو عدم المبالاة بإنجاز الواجبات المطلوبة[7] وانتهاك يوم العبادة بإضاعة الوقت سدى،[8] وعمل المنكر،[9] أو التفكير والكلام والأعمال المتعلقة بالأمور الدنيوية.[10]

(١) تثنية ٥: ١٢-١٤
(٢) تكوين ٢: ٢-٣؛ أعمال ٢٠: ٧؛ ١ كورنثوس ١٦: ١-٢
(٣) خروج ١٦: ٢٥ - ٢٨؛ ٢٠: ٨، ١٠
(٤) نحميا ١٣: ١٥ - ١٩
(٥) مزمور ٩٢؛ إشعياء ٦٦: ٢٣؛ لوقا ٤: ١٦؛ أعمال ٢٠: ٧
(٦) متى ١٢: ١ - ٣١
(٧) حزقيال ٢٢: ٢٦؛ عاموس ٨: ٥؛ ملاخي ١: ١٣
(٨) أعمال ٢٠: ٧، ٩
(٩) حزقيال ٢٣: ٣٨
(١٠) إشعياء ٥٨: ١٣؛ إرمياء ١٧: ٢٤ - ٢٦

السؤال ٦٢: ما هي الأسباب المتعلقة بالوصيّة الرابعة ؟
الجواب: الأسباب المتعلقة بالوصيّة الرابعة هي: أن الله سمح لنا أن نعمل لستة ايام في الأسبوع،[١] واختصّ بيوم العبادة الذي باركه بنفسه.[٢]

السؤال ٦٣: ما هي الوصيّة الخامسة ؟
الجواب: الوصية الخامسة هي: "أكرم أباك وأمك لكي تطول أيامك على الأرض التي يعطيك الرب إلهك".[٣]

السؤال ٦٤: ماذا تستلزم الوصيّة الخامسة ؟
الجواب: تستلزم الوصيّة الخامسة محافظة الأفراد على الكرامة وإنجاز الواجبات تجاه بعضهم البعض بمختلف أوضاعهم ومكاناتهم سواء كانوا يشغلون مراتب رفيعة،[٤] أو وضيعة[٥] أو متساوية.[٦]

السؤال ٦٥: ما هو المحظور في الوصيّة الخامسة ؟
الجواب: تحظّر الوصية الخامسة إهمال تكريم الأفراد بكل مراتبهم، وتحظر أيضاً القيام بأي إجراء ضد الواجبات المترتبة على تقديم الإحترام للجميع بمختلف الطبقات[٧] وبالأخص للوالدين.

السؤال ٦٦: ما هي الأسباب المتعلقة بالوصية الخامسة ؟
الجواب: الأسباب المتعلقة بالوصيّة الخامسة تشمل على الوعد بالعمر المديد والبركة لكل أولئك الذين يحفظون الوصيّة.[٨]

السؤال ٦٧: ما هي الوصية السادسة ؟
الجواب: الوصيّة السادسة هي: " لا تقتل ".[٩]

[١] خروج ٢٠: ٩
[٢] خروج ٢٠: ١١
[٣] خروج ٢٠: ١٢
[٤] أفسس ٥: ٢١
[٥] ١ بطرس ٢: ١٧
[٦] رومية ١٢: ١٠
[٧] حزقيال ٣٤: ٢-٤؛ متى ١٥: ٤-٦؛ رومية ١٣: ٨
[٨] تثنية ٥: ١٦؛ أفسس ٦: ٢-٣
[٩] خروج ٢٠: ١٣

السؤال ٦٨: ماذا تستلزم الوصيّة السادسة ؟

الجواب: تستلزم الوصيّة السادسة باستخدام كل الجهود المشروعة لصيانة حياتنا[١] وحياة الآخرين.[٢]

السؤال ٦٩: ما هو المحظور في الوصية السادسة ؟

الجواب: تحظر الوصيّة السادسة إنتهاك الحياة الشخصية وحرمة الحياة للآخرين بأي طريقة غير مشروعة.[٣]

السؤال ٧٠: ما هي الوصية السابعة ؟

الجواب: الوصية السابعة هي: "لا تزن".[٤]

السؤال ٧١: ماذا تستلزم الوصيّة السابعة ؟

الجواب: تستلزم الوصية السابعة الحفاظ على الطهارة الشخصيّة وطهارة الجار في القلب، والكلام والسلوك.[٥]

السؤال ٧٢: ما هو المحظور في الوصيّة السابعة ؟

الجواب: تحظّر الوصية السابعة أية أفكار وكلام وسلوك غير طاهر.[٦]

السؤال ٧٣: ما هي الوصيّة الثامنة ؟

الجواب: الوصيّة الثامنة هي: "لا تسرق".

السؤال ٧٤: ماذا تستلزم الوصيّة الثامنة ؟

الجواب: تستلزم الوصيّة الثامنة إستخدام الطرق المشروعة فقط للحصول على المقتنيات وزيادة الثروة سواء للأفراد أو الجماعات.[٨]

السؤال ٧٥: ما هو المحظور في الوصيّة الثامنة ؟

الجواب: تحظّر الوصيّة الثامنة كل العوائق التي تقف أمام الحفاظ على الثروة الشخصيّة وثروة الآخرين بالطرق المشروعة.[٩]

---

(١) أفسس ٥: ٢٨-٢٩
(٢) ١ ملوك ١٣: ٤
(٣) تكوين ٩: ٦؛ أعمال ١٦: ٢٨
(٤) خروج ٢٠: ١٤
(٥) ١ كورنثوس ٧: ٢-٣، ٥، ٣٤، ٣٦؛ كولوسي ٤: ٦؛ ١ بطرس ٣: ٢
(٦) متى ٥: ٢٨؛ متى ١٥: ١٩
(٧) خروج ٢٠: ١٥
(٨) تكوين ٣٠: ٣٠؛ ٤٧: ١٤، ٢٠؛ خروج ٢٣: ٤-٥؛ لاويين ٢٥: ٣٥؛ تثنية ٢٢: ١-٥؛ ١ تيموثاوس ٥: ٨
(٩) أمثال ٢١: ١٧؛ ٢٣: ٢٠-٢١؛ ٢٨: ١٩؛ أفسس ٤: ٢٨

السؤال ٧٦: ما هي الوصيّة التاسعة ؟

الجواب: الوصيّةالتاسعة هي: " لا تشهد على قريبك شهادة زور."[١]

السؤال ٧٧: ماذا تستلزم الوصيّة التاسعة ؟

الجواب: تستلزم الوصيّة التاسعة الحفاظ على الصدق بين الافراد وجيرانهم[٢] وترويج الحقيقة بينهم وصيانة الصيت[٣] وخاصة في حال تقديم شهادة أمام المحكمة.[٤]

السؤال ٧٨: ما هو المحظور في الوصيّة التاسعة؟

الجواب: تحظّر الوصية التاسعة أي شخص مجحف الحقيقة، أو مؤذ للصيت الشخصي وسمعة الآخرين.[٥]

السؤال ٧٩: ما هي الوصيّة العاشرة ؟

الجواب: الوصيّة العاشرة هي: "لا تشته بيت قريبك. لا تشته إمرأة قريبك ولا عبده ولا آمته ولا ثوره ولا حماره ولا شيئاً مما لقريبك."[٦]

السؤال ٨٠: ماذا تستلزم الوصيّة العاشرة ؟

الجواب: تستلزم الوصية العاشرة القناعة الكاملة،[٧] مع محبة الخير للجار واحترام أملاكه.[٨]

السؤال ٨١: ما هو المحظور في الوصيّة العاشرة ؟

الجواب: تحظّر الوصية العاشرة عدم الرضى وعدم القناعة الشخصية[٩]، وحسد الجار على أملاكه،[١٠] وكل الشعور المقيت ضد الآخرين.[١١]

[١] خروج ٢٠: ١٦
[٢] زكريا ٨: ١٦
[٣] ٣ يوحنا ١٢
[٤] أمثال ١٤: ٥، ٢٥
[٥] لاويين ١٩: ١٦؛ ١ صاموئيل ١٧: ٢٨؛ مزمور ١٥: ٣
[٦] خروج ٢٠: ١٧
[٧] ١ تيموثاوس ٦: ٦؛ عبرانيين ١٣: ٥
[٨] أيوب ٣١: ٢٩؛ رومية ١٢: ١٥؛ ١ كورنثوس ١٣: ٤-٧؛ ١ تيموثاوس ١: ٥
[٩] ١ملوك ٢١: ٤؛ أستير ٥: ١٣؛ ١كورنثوس ١٠:١٠
[١٠] غلاطية ٥: ٢٦؛ يعقوب ٣: ١٤، ١٦
[١١] تثنية ٥: ٢١؛ رومية ٧: ٧-٨؛ ١٣: ٩

السؤال ٨٢: هل يستطيع أي إنسان أن يطيع الوصايا العشر بشكل كامل؟

الجواب: لا يستطيع أي إنسان منذ السقوط في الخطيّة أن يطيع وصايا الله بشكل كامل في هذه الحياة،[١] بل يكسرها يومياً سواء بالفكر أو باللسان أو بالفعل.[٢]

السؤال ٨٣: هل كل معصيات الناموس متوازية بشرّها؟

الجواب: تزيد بعض الخطايا سوءاً عن غيرها بنظر الله نظراً لظروف خاصة تتعلّق بها.[٣]

السؤال ٨٤: ماذا تستحق كل خطيّة؟

الجواب: تستحق كل خطيّة غضب ولعنة الله في هذه الحياة وفي يوم الدينونة.[٤]

السؤال ٨٥: ماذا يطلب الله من الإنسان ليخلُص من غضبه ولعنته المتوجبين علينا بحكم الخطية؟

الجواب: يطلب الله من الإنسان الإيمان بيسوع المسيح للخلاص من غضبه ولعنته وذلك بالتوبة من اجل الحياة[٥] والطاعة على تطبيق المتطلبات المستندة على عمله الغفراني.[٦]

السؤال ٨٦: ما هو الإيمان بالمسيح يسوع؟

الجواب: الإيمان بالمسيح يسوع هو الإيقان بعمل النعمة،[٧] والذي بواسطته نتكّل عليه كلياً للخلاص الموعود به في الإنجيل.[٨]

السؤال ٨٧: ما هي التوبة المؤدية إلى الحياة؟

الجواب: التوبة المؤدية إلى الحياة هي الخلاص بالنعمة،[٩] وبها يشعر الإنسان بخطيته،[١٠] ويدرك رحمة الله عليه بواسطة المسيح،[١١] فيحزن على خطاياه ويمقتها،[١٢] ويرجع إلى الله بكل طواعية.[١٣]

[١] الجامعة ٧: ٢٠؛ غلاطية ٥: ١٧؛ ١ يوحنا ١: ٨، ١٠

[٢] تكوين ٦: ٥؛ ٨: ٢١؛ رومية ٣: ٩-٢١؛ يعقوب ٣: ٢-١٣

[٣] مزمور ٧٨: ١٧، ٣٢، ٥٦؛ حزقيال ٨: ٦، ١٣، ١٥؛ ١ يوحنا ٥: ١٦

[٤] مراثي ارمياء ٣: ٣٩؛ متى ٢٥: ٤١؛ غلاطية ٣: ١٠؛ أفسس ٥: ٦

[٥] أعمال ٢٠: ٢١

[٦] أمثال ٢: ١-٥؛ ٨: ٣٣-٣٦؛ إشعياء ٥٥: ٣

[٧] عبرانيين ١٠: ٣٩

[٨] يوحنا ١: ١٢؛ غلاطية ٢: ١٦؛ فيليبي ٣: ٩؛ إشعياء ٢٦: ٣-٤

[٩] أعمال ١١: ١٨

[١٠] أعمال ٢: ٣٧-٣٨

[١١] إرمياء ٣: ٢٢؛ يوئيل ٢: ١٢

[١٢] إرمياء ٣١: ١٨-١٩؛ حزقيال ٣٦: ٣١

[١٣] إشعياء ١: ١٦-١٧؛ ٢ كورنثوس ٧: ١١

السؤال ٨٨: ما هي المعالم الخارجية والتي بواسطتها ينقل لنا المسيح فوائد الغفران ؟
الجواب: المعالم الخارجية التي بواسطتها ينقل المسيح لنا فوائد الغفران هي كلمة الله، والاسرار المقدسة، والصلاة فتصير فعاليتها حقيقة للمختارين من أجل الخلاص.[١]

السؤال ٨٩: كيف تصير الكلمة فعاّلة للخلاص ؟
الجواب: يجعل الروح القدس قراءة الكلمة والوعظ المرتكز عليها فعاّلة في إقناع وهداية الخطاة وبنائهم في القداسة والتعزية بواسطة الإيمان المؤدي إلى الخلاص.[٢]

السؤال ٩٠: كيف يجب قراءة الكلمة وسماعها من أجل جعلها فعاّلة للخلاص ؟
الجواب: لتصير الكلمة فعاّلة من أجل الخلاص، يجب العكوف عليها بدأب،[٣] وتحضير،[٤] وصلاة؛[٥] وقبولها بالإيمان والمحبّة؛[٦] وحفظها في القلب؛[٧] وتطبيقها في الحياة.[٨]

السؤال ٩١: كيف تكون الأسرار المقدسة فعاّلة للخلاص ؟
الجواب: تصير الأسرار المقدسة فعالة للخلاص، ليس بفضيلة كامنة فيها، أو بالكاهن أو الخادم الذي يقوم بتدبيرها، لكن فقط ببركة المسيح،[٩] وعمل روحه القدوس في قلوب الذين يتناولوها بالإيما.[١٠]

السؤال ٩٢: ما هو السر المقدس ؟
الجواب: السر المقدّس هو نظام أسسه المسيح، والذي بواسطة رموزه المرئية يصير المسيح والفوائد المستندة على العهد الجديد مختومة ومطبّقة على المؤمنين.[١١]

(١) متى ٢٨: ١٩ - ٢٠، أعمال ٢: ٤٢، ٤٦- ٤٧
(٢) نحميا ٨: ٨؛ مزمور ١٩: ٨؛ أعمال ٢٠: ٣٢؛ ٢٦: ١٨؛ رومية ١: ١٦؛ ١٠: ١٣ - ١٧؛ ١٥: ٤؛ ١ كورنثوس ١٤: ٢٤- ٢٥؛ ٢ تيموثاوس ٣: ١٥ - ١٧
(٣) أمثال ٨: ٣٤
(٤) ١ بطرس ٢: ١ - ٢
(٥) مزمور ١١٩: ١٨
(٦) ٢ تسالونيكي ٢: ١٠؛ عبرانيين ٤: ٢
(٧) مزمور ١١٩: ١١
(٨) لوقا ٨: ١٥؛ يعقوب ١: ٢٥
(٩) متى ٢: ١١؛ ١ كورنثوس ٣: ٦-٧؛ ١ بطرس ٣: ٢١
(١٠) ١ كورنثوس ١٢: ١٣
(١١) تكوين ١٧: ٧، ١٠، خروج ١٢؛ ١ كورنثوس ١١: ٢٣، ٢٦

السؤال ٩٣: ما هي أسرار العهد الجديد ؟
الجــواب: أسرار العهد الجديد هي المعمودية [١] والعشاء الرباني [٢].

السؤال ٩٤: ما هي المعمودية ؟
الجواب: المعمودية هي سر الغسيل بالماءباسم الآب والإبن والروح القدس، [٣] ويشير إلى ختم المؤمن وتطعيمه بالمسيح، فيستلم بذلك فوائد عهد النعمة وارتباطه بالرب. [٤]

السؤال ٩٥: من يستطيع الإشتراك بسر المعمودية ؟
الجواب: يجب أن لا يشترك أي فرد في المعمودية من خارج الكنيسة إلاّ بعد أن يجاهر بالإيمان بالمسيح والطاعة له؛ [٥] ولكن يمكن تعميد الأطفال المنتمين إلى مؤمني الكنيسة المرئية. [٦]

السؤال ٩٦: ما هو العشاء الرباني ؟
الجواب: العشاء الرباني هو سر يتناول فيه المؤمن الخبز والخمر، حسب تعليم المسيح، مشيراً إلى موته، فيتناوله المؤمن ليس بطريقة دنيوية، بل بالإيمان يصير مشاركاً في جسده ودمه، ولكل الفوائد الناتجة عنها، فتتغذى روحه وينمو في النعمة. [٧]

السؤال ٩٧: ماذا يستلزم تناول العشاء الرباني باستحقاق ؟
الجواب: يجب على كل متناولي العشاء الرباني أن يمتحنوا أنفسهم ليعرفوا إذا كانوا مستحقين لتناول جسد الرب، [٨] فيتغذى إيمانهم به، [٩] ويتوبون فيزدادون محبّة [١٠] وطاعة، [١١] وإلا يجلبون الدينونة على أنفسهم في حال عدم إستحقاق تناول العشاء الرباني. [١٣]

---

[١] متى ٢٨ : ١٩
[٢] متى ٢٦ : ٢٦ - ٢٨
[٣] متى ٢٨ : ١٩
[٤] رومية ٦ : ٤ ؛ غلاطية ٣ : ٢٧
[٥] أعمال ٢ : ٣٨ ؛ ٨ : ٣٦ - ٣٨
[٦] تكوين ١٧ : ١٠ ؛ أعمال ٢ : ٣٨ - ٣٩ ؛ ١ كورنثوس ٧ : ١٤ ؛ كولوسي ٢ : ١١ - ١٢
[٧] ١ كورنثوس ١١ : ٢٣ - ٢٦
[٨] ١ كورنثوس ١١ : ٢٨ - ٢٩
[٩] ٢ كورنثوس ١٣ : ٥
[١٠] ١ كورنثوس ١١ : ٣١
[١١] ١ كورنثوس ١٠ : ١٦ - ١٧
[١٢] ١ كورنثوس ٥ : ٧ - ٨
[١٣] ١ كورنثوس ١١ : ٢٨ - ٢٩

السؤال ٩٨: ما هي الصلاة ؟
الجواب: الصلاة هي تقديم كل رغباتنا إلى الله،[١] لكل شيء يتوافق مع إرادته،[٢] باسم المسيح،[٣] وبالإعتراف بخطايانا،[٤] وشكرنا واعترافنا بكل حسناته.[٥]

السؤال ٩٩: ما هي القاعدة التي منحنا إياها الله لترشدنا في الصلاة ؟
الجواب: كلمة الله بمجملها هي القاعدة التي ترشدنا في الصلاة؛[٦] ولكن القاعدة الخاصة التي ترشدنا في الصلاة هي "الصلاة الربانية".[٧]

السؤال ١٠٠: ماذا تعلمنا إفتتاحية الصلاة الربانية ؟
الجواب: تعلمنا إفتتاحية الصلاة الربانية وهي: "أبانا الذي في السماء"[٨] أن نقترب إلى الله بورع مقدّس وبثقة الأبناء نحو أبيهم، الذي يستطيع وعنده الاستعداد لأن يساعدنا؛[٩] وأن نصلي مع الآخرين ومن أجلهم.[١٠]

السؤال ١٠١: من أجل أي شيء نصلي في الإلتماس الأول ؟
الجواب: في الإلتماس الأول وهو: "ليتقدّس إسمك"،[١١] نصلي أن يساعدنا الله كي نمجده بكل الوسائل التي أعلن نفسه بواسطتها،[١٢] وأن يدبّر كل شيء من أجل مجده.[١٣]

السؤال ١٠٢: من أجل أي شيء نصلي في الإلتماس الثاني ؟
الجواب: في الإلتماس الثاني وهو: "ليأت ملكوتك"،[١٤] نصلي أن يتم دمار مملكة الشيطان،[١٥] وانتشار مملكة النعمة،[١٦] وانضمامنا إليها والبقاء فيها،[١٧] وأن يعجّل الله مجيء المملكة المجيدة.[١٨]

السؤال ١٠٣: من أجل أي شيء نصلي في الإلتماس الثالث ؟
الجواب: في الإلتماس الثالث وهو: "لتكن مشيئتك كما في السماء كذلك على الأرض"،[١٩] نصلي أن يساعدنا الله بنعمته أن نكون مستعدين لمعرفة إرادته والإذعان لها في كل شيء[٢٠] كما تفعل الملائكة في السماء.[٢١]

[١] مزمور ٦٢: ٨
[٢] ١ يوحنا ٥: ١٤
[٣] يوحنا ١٦: ٢٣
[٤] مزمور ٣٢: ٥-٦؛ دانيال ٩: ٤
[٥] فيليبي ٤: ٦
[٦] ١ يوحنا ٥: ١٤
[٧] متى ٦: ٩-١٣؛ لوقا ١١: ٢-٤
[٨] متى ٦: ٩
[٩] لوقا ١١: ١٣؛ رومية ٨: ١٥
[١٠] أعمال ١٢: ٥؛ ١ تيموثاوس ٢: ١-٢
[١١] متى ٦: ٩
[١٢] مزمور ٦٧: ٢-٣
[١٣] مزمور ٨٣
[١٤] متى ٦: ١٠
[١٥] مزمور ٦٨: ١، ١٨
[١٦] رؤية ١٢: ١٠-١١
[١٧] يوحنا ١٧: ٩، ٢٠؛ رومية ١٠: ١؛ ٢ تسالونيكي ٣: ١
[١٨] رؤية ٢٢: ٢٠
[١٩] متى ٦: ١٠
[٢٠] ٢ صاموئيل ١٥: ٢٥؛ أيوب ١: ٢١؛ مزمور ٦٧؛ ١١٩: ٣٦؛ متى ٢٦: ٣٩
[٢١] مزمور ١٠٣: ٢٠-٢١

السؤال ١٠٤ : من أجل أي شيء نصلي في الإلتماس الرابع ؟

الجواب :   في الإلتماس الرابع وهو : "خبزنا كفافنا أعطنا اليوم"،(١) نصلي ان نقبل عطايا الله المجانية بمقدارها الكافي كأشياء طيبة في هذه الحياة فننشر ببركته من خلالها .(٢)

السؤال ١٠٥ : من أجل أي شيء نصلي في الإلتماس الخامس ؟

الجواب :   نصلي في الإلتماس الخامس وهو : "واغفر لنا ذنوبنا كما نغفر نحن أيضاً للمذنبين إلينا"،(٣) أن يغفر الله ذنوبنا لأجل خاطر المسيح(٤) فنتشجّع بواسطة نعمته أن نغفر للآخرين .(٥)

السؤال ١٠٦ : من أجل أي شيء نصلي في الإلتماس السادس ؟

الجواب :   نصلي في الإلتماس السادس وهو : "ولا تدخلنا في تجربة، لكن نجنا من الشرير"،(٦) أن يحفظنا الله من إغراء الخطيّة (٧) وأن يساعدنا وينجينا في حال الوقوع فيها .(٨)

السؤال ١٠٧ : ماذا تعلمنا الخاتمة في الصلاة الربانية ؟

الجواب :   الخاتمة في الصلاة الربانية وهي : "لأن لك الملك والقوة والمجد إلى الأبد، آمين ."(٩) تعلمنا أن نستمد العون والتشجيع من الله وحده (١٠) وأن نحمده بصلواتنا ونعزو كل القوة والمجد له؛(١١) وشهادة على رغبتنا وتأكيدنا على إستجابته نقول : "آمين" .(١٢)

(١) متى ٦: ١١

(٢) تكوين ٢٨: ٢٣؛ أمثال ٣٠: ٨ - ٩: ١؛ تيموثاوس ٤: ٤-٥

(٣) متى ٦: ١٢

(٤) مزمور ٥١: ١ - ٢، ٧، ٩؛ دانيال ٩: ١٧ - ١٩

(٥) متى ١٣: ٣٥؛ لوقا ١١: ٤

(٦) متى ٦: ١٣

(٧) متى ٢٦: ٤١

(٨) ٢ كورنثوس ١٢: ٧ - ٨

(٩) متى ٦: ١٣

(١٠) دانيال ٤: ٩، ٧؛ ٩: ١٦ - ١٩

(١١) ١ أخبار الأيام ٢٩: ١٠-١٣

(١٢) ١ كورنثوس ١٤: ١٦؛ رؤية ٢٢: ٢٠ - ٢١